VEDANTA LEXIKON

AF236921

Begriffe - Kategorien - Konzepte

Tat Tvam Asi – „Das bist Du" (Chandogya Upanishade 6.8.7)

Inhaltsverzeichnis

Herstellung und Verlag:
BoD-Books on Demand, Norderstedt
ISBN: 978-3-7528-0963-3

Vorwort

Dieses Buch richtet sich in erster Linie an Vedanta oder Yoga-Praktizierende aber auch an jene die sich dafür interessieren. Es dient als Hilfsmittel und zum besseren Verständnis der vielen Schriften und Lehren z. B. der Upanishaden, Brahma Sutras sowie der Bhagavad Gita. Als Vorlage diente der Vedanta Fachwortschatz von Swami Sivananda. Dieser wurde neu übersetzt und durch ergänzende Begriffe, Konzepte und Tabellen erheblich erweitert. Sonderzeichen aus dem Sanskrit blieben, bis auf wenige Ausnahmen, unberücksichtigt.

Ein besonderer Dank gilt denjenigen, die mich dazu ermutigt und unterstützt haben. Dazu zählen alle großen Lehrer und bestimmte Personen, denen ich begegnet bin. Der größte Dank gilt der Wahrheit, dem Absoluten selbst.

Thomas Felber

Wien, August 2018

A

a: Als Präfix zu einem anderen Wort, Negation z. B. Vidya –
Wissen, Avidya – Unwissenheit.

Abhana: das Nicht-Manifestierte.

Abhanavarana: Projektion des Strahlenden [Brahman]; einer
der beiden Avarana Saktis.

Abhasa vada: die Doktrin der Erscheinungen.

Abhasa: Reflexion, Aussehen, Schein, nicht real.

Abhasamatra: nur mit Namen.

Abhasavada: Doktrin, die besagt, dass die ganze Schöpfung
ein Spiegelbild der höchsten Realität ist.

Abhati: Leuchten oder die Strahlende.

Abhava padartha: Eine Sache, die in Wirklichkeit nicht
existieren kann, z. B. das Horn eines Hasen, der Sohn einer
unfruchtbaren Frau.

Abhava: In dem man über sich selbst meditiert, ohne jede
Qualität oder Einschränkung; Abwesenheit; Nicht-Existenz;
Negation.

Abhavamatra: von rein negativem Charakter.

Abhavanna: Nicht-Denken.

Abhavarupavritti: Nachdenken über ein nicht-existierendes
Objekt.

Abhayadana: Geschenk der Furchtlosigkeit.

Abhayam: Furchtlosigkeit.

Abheda: Nicht-Differenz.

Abheda-ahamkara: Das reine Ego, das sich mit Brahman oder
dem Absoluten identifiziert.

Abheda-bhakti: Höchste Hingabe, die in der Identität des
Anbeters und mit dem Höchsten gipfelt; Hingabe ohne
Dualität.

Abhedabhava: Gefühl der Nicht-Trennung.

Abheda-buddhi: Der Buddhi, der die Einheit erkennt.

Abheda-chaitanya: ständiger Gedanke über die Identität der Seele mit Brahman; ungeteiltes Bewusstsein.

Abheda-jnana: Erkenntnis der Identität des Einzelnen mit dem Absoluten (Atman und Brahman).

Abhi: furchtlos.

Abhigamana: Annäherung an den Tempel.

Abhijna: Richtung; Wahrnehmung oder Erinnerung.

Abhijna-Jnana: Wissen oder Erkenntnis durch Wahrnehmung.

Abhimana: Egoismus; Identifikation mit dem Körper. Selbstverliebtheit, Stolz.

Abhimani: jemand mit egoistische Gefühle.

Abhinaya: Ausbildung; Disziplinierung.

Abhinivesa: Festhalten am irdischen Leben; Wille zu leben.

Abhivimana: als identisch mit sich selbst; ein Beiname des unbegrenzten höchsten Wesens.

Abhivyakta: Manifestiert.

Abhokta: Nicht-Genießer.

Abhivyakti: Manifestation.

Abhyantara: innerlich.

Abhyasa: Wiederholung; Übung.

Abhyasin: ein praktizierender Yogi.

Abhyudaya: Begeisterung.

Abuddhi-purva: unintelligent; empfindungslos.

Achala: nicht bewegend; fixiert.

Achamana: Trinken von Wasser aus der ausgehöhlten Handfläche; ein vorläufiger einfacher Ritus, der mit ritueller Anbetung verbunden ist.

Achara: richtiges Verhalten, Brauchtum, Praxis, externe Einhaltung etablierter Regeln und Gesetze.

Acharana: Einhaltung des richtigen Verhaltens.

Acharya: ein spiritueller Führer oder Lehrer. Siehe Shankaracharya.

Acheta: unintelligent.
Achetana: bewusstlos.
Achintya: unvorstellbar.
Achintyarupa: unvorstellbare Form.
Achintya Sakti: undurchschaubare Macht.
Achit Sakti: Tamas oder große Dunkelheit; die Ursache der Materie.
Achit vastu: leblose Materie oder Essenz.
Achit: leblos.
Achyuta: das Unverwüstliche, das Unveränderliche.
Adambhitva: Unaufdringlichkeit.
Adarsa: Ideal.
Adarsa-purusha: eine Person als Ideal; eine vorbildliche Person.
Adbhuta: wunderbar.
Adesa: ein göttlicher Befehl aus dem Inneren des Wesens.
Adhara: Unterstützung; Brahman.
Adhama: Niedrig; degradiert.
Adharma: Alles, was gegen das Recht und das Gesetz verstößt; Fehler.
Adhara: Stütze.
Adhara Adheya Sambandha: Verhältnis der Unterstützung und der unterstützten Sache.
Adheya: zugeordnet, enthalten.
Adhi: Krankheit des Geistes [Denkens].
Adhibhautika: (Resultierend) aus Dingen wie z. B. Kriege, Meinungsverschiedenheiten, Naturkatastrophen.
Adhibhautika Sarira: Körper aus den Elementen.
Adhibhautika Tapa: Schmerzen durch die Bhutas z. B. Schlangenbiss usw.; naturfremdes Leiden.
Adhibhuta: Was die Elemente betrifft, die Urform der Materie; mit Bezug auf Elemente; die Welt der Objekte, das vergängliche Universum; der materielle Aspekt.

Adhibhuta-vidya: Wissenschaft von der physischen oder materiellen Welt.

Adhidaiva-vidya: Wissenschaft vom Himmel.

Adhidaiva [Adhidaivika]: Was den Himmel oder die himmlischen Wesen betrifft; Adhidaiva (mit Bezug auf die Götter – die Sinnesorgane); Hiranyagarbha oder kosmische Seele, die alle Organe aller Wesen segnet.

Adhika: zusätzlich.

Adhikarana: Abschnitt; Thema; Gefäß; (in der Philosophie) ein Substrat.

Adhikari: Qualifizierte Person; ein Suchender, der mental vorbereitet ist.

Adhikari-vada: Die Doktrin hält die Notwendigkeit aufrecht, jedem spirituellen Aspiranten nach seiner Fähigkeit einen eigenen Kurs der Disziplin vorzuschreiben.

Adhimatra (Vairagya): Grad von Vairagya, wenn weltlicher Genuss sogar zu einer Quelle des Schmerzes wird.

Adhipatipratyaya: die entscheidende Ursache.

Adhishthana: Hintergrund; Unterstützung; Basis; Substrat; zugrunde liegende Wahrheit oder Essenz.

Adhishthatri Devata: Vorsitzende Göttlichkeit.

Adhiyajna: mit Bezug auf die Opfer; der Herr als die vorsitzende Gottheit aller Handlungen und Wahrnehmungen des Individuums. Krishna selbst ist Adhiyajna, das Objekt der Verehrung.

Adhokshaja: Ein Wesen, das von den äußeren Sinnen nicht wahrgenommen werden kann; ein Name von Bhagavan Narayana.

Adhunika: Neu, aktuell, modern.

Adhvaryu: ein Priester, der den Yajur-Veda in einem Opfer rezitiert. Das Yajur Veda ist eine der vier Veden oder Quellenschriften des Hinduismus. Die anderen sind das Rig Veda, Sama Veda und Atharva Veda.

Adhyaksha: Handelnder; Vorgesetzter.

Adhyatma: Brahman im vergänglichen Selbst [Jiva] manifestiert.

Adhyatmika: Was den Atman betrifft.

Adhyatma Sastra: Wissenschaft und Kunst des spirituellen Lebens.

Adhyatma-sukham: spirituelles Glück.

Adhyatma-yoga: Yoga auf das Selbst bezogen.

Adhyatmika Vidya: Wissenschaft vom Selbst.

Adhyaropa: Illusorische Zuschreibung; Überlagerung; eine Sache wird mit einer anderen verwechselt; Eigenschaften von einer auf eine andere übertragen; Eigenschaften des Selbst auf den Körper übertragen.

Adhyaropa-apavada: Eine der wichtigsten Methoden des Advaita Unterrichts, wobei ein Attribut zunächst auf Brahman angewendet wird (illusorisch).

Adhyaropita: fiktiv zugeschrieben.

Adhyasa: Überlagerung oder Reflexion der Attribute einer Sache auf eine andere Sache. Bezeichnet den „Fehler" den wir machen, wenn wir der absoluten Realität eine falsche Erscheinung „zuschreiben" oder das Reale mit dem Unwirklichen vermischen. Das klassische Beispiel ist, wenn wir eine Schlange mit einem Seil verwechseln.

Adhyasta: falsch erkannte Sache.

Adhyasta astitva: gespiegelte Existenz.

Adhyavasaya: bestimmende Funktion des Buddhi oder des Intellekts.

Adhyaya: Lektion, Vortrag oder Kapitel.

Adi: Anfang; Erster; Beginn, Ursprung.

Adi guru: Der alte, erste oder ursprüngliche Guru.

Adi-tattva: das erste Prinzip; Brahman; Mula Prakriti; das erste Element (der Materie).

Aditya [Adityas]: Sonnengott; Sonne; eine Klasse himmlischer Wesen; Sonnengötter, Kinder der Unendlichkeit (Söhne von Aditi).

Adrishta: das unsichtbare Prinzip; unmerklich, unvorhergesehen, unbeobachtet, unbekannt.

Adrishtam: unbekannt.

Adrisya: Unsichtbar; was das physische Auge nicht wahrnehmen kann (Brahman).

Advaita: nicht (a) zwei (dvaita); nicht-duale Philosophie.

Advaita-jnani: Einer, der dem Advaita Pfad des Wissens folgt.

Advaita nishtha: Verankerung im Zustand der Nicht-Dualität.

Advaita-siddhi: Verwirklichung des nicht-dualen Brahman.

Advaita vada: Die Theorie, dass Brahman die einzige Existenz ist; Monismus; Vedanta.

Advaitavadin: Jemand, der sich zur Advaitavada bekennt.

Advaita vedanta: nicht-dualistische Philosophie.

Advaita: Nicht-Dualität; Monismus.

Advaita-avastharupa-samadhi: Nirvikalpa Samadhi. Dies ist der höchste Zustand, in dem es keine Trennung mehr gibt (Wissen, Wissender und Objekt des Wissens), sondern nur einen, der in seinem eigenen Zustand existiert.

Advaya: Nicht zwei, ohne ein Zweites, einzigartig; Identität (besonders zwischen Brahman, Atman und Jagat).

Advitiya: ohne ein Zweites.

Advitiyata: Zustand der Absonderung.

Adya: ursprünglich; Original.

Adyasakti: Urkraft;

Agadha: unergründlich.

Agama: Handbuch der praktischen Anbetung. Erwerb von Wissen, Wissenschaft; traditionelle Lehre; alles, was von der Tradition überliefert und fixiert wird.

Agama pramana: die Veden als Beweis oder als Hilfsmittel des Wissens.

Agami (Karma): Karma wird produziert, um danach oder zukünftig zu erleben.

Agamin: wörtlich „bevorstehend" oder „kommend".

Agandha: geruchlos, geruchlos.

Agati: Stabilität.

Aghamarshana: Einige vedische Verse, deren Äußerung beim Baden den Menschen reinigt; das, was reinigt.

Agni: Feuer. Der Gott des Feuers.

Agni-hotra: ein Feueropfer; ein Ritual für die Gottheit Agni.

Agni-manavaka: glänzender Junge.

Agnistut: Er, der das Lob von Agni singt (im vedischen Opfer).

Agni-tattva: das Feuer-Prinzip.

Agni-vidya: Meditation über das Feuer als Symbol für Brahman.

Agocara: von den Sinnen nicht wahrnehmbar.

Agrahana: Nichtbegreifen oder Nichtwahrnehmen.

Agrahya: Das was nicht zu erfassen ist; unvorstellbar.

Aguna: ohne Qualität [Guna].

Ahaituka: Motivlos; ohne Zweck.

Ahaituki Bhakti: Motivlose Hingabe; inhärente Sehnsucht.

Aham: „Ich" oder Ego.

Aham Atma: Ich bin der Atman.

Aham Brahmasmi: „Ich bin Brahman" – einer der vier Mahavakyas.

Aham Buddhi: Ego-Idee.

Aham duhkhi: Ich bin unglücklich.

Aham etat na: Das bin ich nicht.

Aham idam: ich (und) das.

Aham karta: Ich bin der Handelnde.

Aham-mameti: „Denken von meinem und ich", dem körperlichen Lebenskonzept.

Aham pratyaya: Selbstbewusstsein.

Aham sukhi: Ich bin glücklich.

Aham vritti: selbstzerstörerischer Gedanke. Der Gedanke „Ich bin" im Gegensatz zu Gedanken über Gegenstände, Gefühle etc.

Ahameva sarvah: Ich allein bin alles.

Ahamgraha Upasana: Eine Art Meditation, in der sich der Aspirant mit Brahman oder dem höchsten Wesen identifiziert.

Ahamika: Egoismus; Stolz.

Ahamkara (Ahankara): dynamischer Egoismus; Leidenschaft und Stolz; Selbstverliebtheit; das selbstverherrlichende Prinzip „Ich".

Ahamkara-avacchinna-chaitanya: Intelligenz verbunden mit Egoismus, der die wandernde Seele Jivatman ist.

Ahamkara-tyaga: Verzicht auf Egoismus.

Ahamta: „Ich-Sein".

Ahan: Tag.

Ahara: Nahrung; Objekt der Sinne; alles, was von den Sinnen aufgenommen wird.

Ahavaniya: Eines der drei geweihten Feuer, deren Opfer vom Hausherrn dargebracht werden.

Ahimsa: Gewaltlosigkeit; niemand mit Gedanken, Worten und Taten verletzen.

Aho: Ah!

Ahuti: Opfergabe (als Opfer ins Feuer gegossen).

Aisvarya: materieller oder geistiger Reichtum.

Aikya: Einheit; in Advaita speziell die Identität von Atman und Brahman.

Aitihya: Gerücht; einer der acht Wissensbeweise.

Airavata: Name des himmlischen Elefanten, der von den Göttern und Dämonen aus dem Aufwühlen des Ozeans geboren und Indra gegeben wurde.

Aja: Ungeboren.

Ajapa: keine Gebete (Japa), keine Wiederholung von Mantren.

Ajapa-gayatri: Hamsah-soham Mantra.

Ajara: ohne Alter.

Ajati: Nein oder nicht.

Ajati [Ajata] vada: Die Theorie der Nicht-Evolution oder Nicht-Schöpfung.

Ajita: der Unbesiegte; einer der Namen der Gottheit Vishnu.

Ajna-Chakra: der sechste Lotus der Yogis.

Ajnana: Unwissenheit; d. h. noch (geistig) unwissend ist.

Ajnana-avrita-ananda: Ananda oder Glückseligkeit, umhüllt von Unwissenheit; die Glückseligkeit im Tiefschlaf.

Akala: zeitlos.

Akandakara vritti: Das geistige „Ereignis", das effektiv Erleuchtung bewirkt.

Akanksha: Begehren.

Akara: Der erste Buchstabe oder der grundlegendste Klang, der durch den ersten Buchstaben des Alphabets repräsentiert wird.

Akarma: Untätigkeit.

Akarshana Sakti: Kraft der Anziehung.

Akarta: Nicht-Täter.

Akarya: Was nicht getan werden sollte.

Akasa: Äther, Raum oder Himmel.

Akasa Nila: die Bläue des Himmels.

Akasa Tattva: das Äther-Prinzip.

Akasaja: geboren aus Akasa (Äther bzw. Raum).

Akasamatra: nur Äther bzw. Raum.

Akasavani: ätherische Stimme; himmlische Stimme.

Akasmika: grundlos.

Akhanda: unteilbar; komplett; ohne Unterbrechung.

Akhanda-ananda: ungebrochene Glückseligkeit.

Akhanda-brahmacharya: Zölibat ohne Unterbrechung.

Akhandaikarasa: die eine ungeteilte Essenz.

Akhandaikarasa-vritti: Die reine homogene Brahmakara Vritti, die durch Meditation über Brahman entsteht.

Akhandakara: von der Natur der Unteilbarkeit.

Akhanda-mauna: ungebrochene Stille.

Akhanda-samadhi: ungebrochener Samadhi.

Akhyana: eine Vielzahl von mythologischen Erzählungen.
Akrishna: nicht schwarz; weiß oder rein.
Akrita: nicht gemacht oder geschaffen, natürliche Tendenz.
Akritabhigama: Auftreten von Früchten von Handlungen, die nicht getan werden.
Akrodha: Abwesenheit von Wut.
Akshara: Es bedeutet Brahman. Es kann auch die nicht-manifestierte Prakriti oder Maya bedeuten; unvergänglich, unveränderlich.
Aksharatma: unsterbliches Selbst.
Akshara-suddhi: klare Aussprache der Mantren.
Akshara vidya: Die Meditation über Brahman als das Unvergängliche.
Aksharat-paratah-parah: Purusha größer als Akshara.
Akshara Purusha: Das nicht-manifestierte Universum oder Maya wird Saguna Brahman [Isvara] genannt. Akshara Purusha und Kshara Purusha sind relativ. Jenseits dieser beiden Purushas ist der Uttamapurusha, das Absolute oder Brahman.
Akshaya: unvergänglich.
Akshobha: emotionslos; ungestört; keine Unruhe.
Akshobhya: emotionslos.
Akunchana: Kontraktion.
Alakshana: ohne Erkennungszeichen.
Alambana pratyaya: ursprüngliche Idee oder die Ursache.
Alambana: Unterstützung.
Alata-Chakra: Feuerkreis.
Alaya vijnana: innere Erkenntnis; der höchste Zustand nach den Yogacharas.
Alatashanti: das vierte Thema in Gaudapadas Karika der Mandukya Upanishade.
Alaya vijnana pravaha: Übung der Selbsterkenntnis.
Alinga: ohne Markierung.

Alochana: tiefes Denken; Aufmerksamkeit; Rücksichtnahme; Reflexion.

Alpa: klein.

Amala: ohne Verunreinigungen.

Amalam: frei von Maya; frei von der Unreinheit der Maya.

Amana: gedankenlos.

Amanahstha: Einer, der die Gedankenlosigkeit erreicht hat.

Amanaskata: Zustand der Gedankenlosigkeit.

Amanava: kein Mensch.

Amara: unsterblich.

Amara-purusha: eine unsterbliche Person z. B. Vyasa, Narada.

Amarsha: das Gefühl von Wut und Eifersucht.

Amatra: ohne Maß oder Zeichen.

Amba: Mutter; gute Frau, Ehrentitel.

Amhara: Himmel; Äther; Stoff; Kleidungsstück.

Amrita: unsterblich; der Nektar der Unsterblichkeit.

Amritam: Unsterblichkeit.

Amrita-nadi: ein besonderer psychischer Nerv, der sich vom Herzen verzweigt.

Amritattva: ohne Tod; Unsterblichkeit.

Amsa: Teil.

Amukhya karana: Nebenursache daher nicht die Hauptursache.

Amurta: Ohne Form; nicht manifestiert.

Anabhidya: Nicht die Güter anderer begehren; nicht eitle Gedanken denken und nicht über Verletzungen brüten, die von anderen erhalten wurden.

Anadi: ohne jeglichen Anfang.

Anadi-anan: Ohne Anfang und Ende; unendlich; das ist Brahman.

Anadi-kala: Ewigkeit; anfangslose Zeit.

Anadi-pravaha-satta: Fluss ohne Anfang; Ewigkeit; anfangslos.

Anadi-samskara: ein mentaler Eindruck ohne Anfang.

Anadi-santa: Ohne Anfang; Maya, die nach der Erlangung von Brahma-Jnana endet.

Anagata: Der Zukunft gehören.

Anaham: „Nicht Ich".

Anahata dhvani: mystische Klänge von Yogis.

Anamaya: ohne Krankheit (Brahman).

Anahata: Der vierte Lotus der Yogis, gegenüber dem Herzen; mystische Klänge, die von den Yogis gehört werden.

Ananda: wahres Glück oder Glückseligkeit; Freude.

Ananda Abhava: fehlende mentale Glückseligkeit.

Ananda akasa: Raum oder Äther der Glückseligkeit.

Ananda Brahman: Brahman als die selbst-existierende Glückseligkeit und seine universelle Freude am Sein; die Glückseligkeitsexistenz.

Ananda Ghana: Masse der Glückseligkeit.

Anandaghanaloka: Welt der kompakten Glückseligkeit.

Anandaloka: Welt der Glückseligkeit.

Ananda pada: glückseliger Sitz.

Ananda Sagara: Ozean der Glückseligkeit.

Ananda svarupa: von der wesentlichen Natur der Glückseligkeit.

Ananda Valli: ein Kapitel der Taittiriya Upanishade.

Anandamaya: voller Glückseligkeit.

Anandamaya isvara: Isvara, der Herr, dessen Substanz Glückseligkeit ist, der Herr der Existenz und Handlungen.

Anandamaya Kosa: glückselige Hülle. Ursache der physischen und subtilen Hülle.

Anandamaya namaskara: eine glückselige Anrede.

Anandamaya Purusha: Glückseligkeit-Selbst; das allselige Wesen oder die allfreudige und allproduktive Seele; ein unendliches „Ich Bin" der Glückseligkeit.

Ananta: unendlich; ewig, endlos.

Ananta-amatra: unendlich und unermesslich.

Ananta-ananda: unendliche Glückseligkeit.

Ananta-drishti: unbegrenzte oder unendliche Sicht.

Ananta-guna: unendliche Qualität.

Ananta-jyoti: unendliches Licht.

Ananta-matra: Unendliche Zeichen haben; absolut.

Anantatvat: „Weil sie unendlich oder endlos sind."

Ananya Bhakti: besondere Hingabe an jeden einzelnen Aspekt des Herrn.

Ananyata: Zielstrebigkeit.

Anarabdha-karya: Handlungen, die noch nicht damit begonnen haben, ihre Wirkung zu entfalten.

Anartha: Böse; falsch; Objekt der Abneigung.

Anasakti: ohne Bindung; Leidenschaftslosigkeit.

Anasrama: Er gehört keiner der vier Lebensordnungen an.

Antimasmriti: letzter Gedanke vor dem Tod.

Anatma: Nicht-Selbst; empfindungslos.

Anatman: etwas anderes als Geist oder Seele (nicht Selbst oder Atman); wahrnehmbare Welt.

Anavacchinnam: unbegrenzt

Anavadhana: Unaufmerksamkeit.

Anavasada: Heiterkeit:

Anavastha: Irrtum, der sich aus dem Fehlen von Endgültigkeit oder Schlussfolgerung ergibt.

Anavastha-dosha: das Rückschreiten ins Unendliche in einer unendlichen Reihe [regressus ad infinitum].

Anavasthitva: Instabilität.

Andaja: Geboren aus einem Ei; eiförmig.

Andolana: Schwingen; drehen.

Aneka: nicht einer, sondern viele.

Anga: untergeordnetes Mitglied; Glied; Schritt.

Angirasa: Brihaspati oder der göttliche Lehrer; der Herr der Weisheit.

Angushtha-matra: von der Größe des Daumens.

Anima: Subtilität; die Kraft, den Körper subtil zu machen; die physische Masse und Dichte nach Belieben zu reduzieren, eine der acht Siddhis.

Anirdesya: unbeschreiblich; undefinierbar.

Anirvachaniya: unbeschreiblich; unaussprechlich; weder Existenz noch Nicht-Existenz noch beides.

Anirvachaniya-satta: unergründliches Wesen (Maya).

Anisata: Impotenz.

Anishta: unerwünscht; schlecht.

Anitya: vergänglich; vorübergehende oder begrenzte Existenz.

Anityah sarve samskarah: alle Samskaras [Vasanas] sind vergänglich.

Annam: Materie; Essen.

Annamaya kosa: physischer Körper; die Hülle aus Nahrung.

Anrita: Falschheit oder Unwahrheit.

Anta: Ende, Abschluss, Tod.

Antahkarana: inneres oder mentales Organ; vierfacher Verstand; Denken (Manas), Intellekt (Buddhi), Ego und Erinnerung (Chitta).

Antahkarana-pratibimba-chaitanya: Reflexion der Intelligenz im inneren Organ.

Antahkarana-sastra: Psychologie; Wissenschaft des inneren Organs.

Antahkarana-vyapara: Gedanken-Konstruktion; Arbeit des inneren Organs.

Antah-prajna: inneres subjektives Bewusstsein.

Antahsta: Das Wort bedeutet wörtlich „stehen dazwischen".

Antar: innerlich; Mitte; Zwischenraum.

Antaranga: inneres Organ; Geist.

Antaratma: das innewohnende Selbst; die innere Seele.

Antardhauti: innere Reinigung.

Antar-drishti: innere Vision.

Antargata: versteckt; immanent.

Antarika: innerlich; von ganzem Herzen.
Antarika prema: innere, göttliche Liebe.
Antariksha: Firmament; Himmel.
Antarjyoti: inneres Licht.
Antarmukha: Selbstbeobachtung; Blick nach innen gerichtet.
Antarmukha-vritti: Ein Zustand, in dem sich der Geist nach innen wendet und sich von den Objekten zurückgezogen hat.
Antaryamana: die Herrschaft im Inneren.
Antaryamin: Innerer Herrscher; das höchste Wesen, das in jeder Schöpfung gegenwärtig ist und alle Geschöpfe lenkt.
Antevasin: unmittelbarer Schüler.
Anu: Atom; von winziger Größe.
Anubandha-chatushtaya: Vier unverzichtbare Voraussetzungen eines Schülers.
Anubhava: direkte Wahrnehmung; Erfahrung; intuitives Bewusstsein (Selbstverwirklichung); Identität des Jiva mit Brahman; persönliche spirituelle Erfahrung; Verständnis.
Anubhava-advaita: tatsächliche Erfahrung der Einheit.
Anubhava-gamyam: erreichbar durch direkte Wahrnehmung (Samadhi).
Anubhavi Guru: Lehrer, der eine persönliche spirituelle Verwirklichung hatte.
Anubhuti: Wissen, das mithilfe der Pramanas gewonnen wurde.
Anudbuddha: unschuldig.
Anugraha: Gnade.
Anukampa: Mitgefühl.
Anumana: Inferenz; einer der Beweise des Wissens.
Anumanta: der Gewährende; der die Maßnahmen zulässt.
Anunasika: In der Sanskrit-Sprache: durch die Nase, nasal.
Anupadaka: Nicht erfahrbar. Das ursprüngliche Element der Materie neben Akasa, weil es dafür noch kein entwickeltes Organ der „Erfahrung" gab.

Anupalabdhi: Nichtwahrnehmung; Einer der acht Beweise für die Existenz der Nicht-Existenz oder Negativen.

Anuparimana: atomar; von der Größe des Atoms.

Anuraga: intensives Prema oder Liebe (zu Gott).

Anusandhana: Untersuchung der Natur von Brahman.

Anusaya: Das Gleichgewicht oder der Rest des Karmas, das die Seele dazu zwingt, in dieser oder der anderen Welt nach vorübergehender Freiheit in den höheren Sphären wiedergeboren zu werden.

Anushthana: Systematische Durchführung von religiösen Praktiken, die gewöhnlich für einen bestimmten Zeitraum, z. B. 40 Tage, 90 Tage, ein Jahr usw., durchgeführt werden.

Anusmarana: Erinnerung; ständige Erinnerung an Brahman oder Gott.

Anutapa: Reue.

Anutva: Kleinheit; Subtilität.

Anuvada: eine zusätzliche Aussage über etwas Bekanntes oder bereits Erwähntes.

Anuvritti: Wir drehen uns im Kreis.

Anuvyakhyana: Glanz; Kommentar.

Anuvyavasaya: Wahrnehmung eines Gefühls oder Urteils.

Anuyogin: Wenn ein Glas „scheinbar" existiert, wirkt es so, als wäre es vom Rest der Welt verschieden.

Anvaya: Direkte, positive Koexistenz; die natürliche Verbindung von Wörtern in einem Satz; grammatikalische Ordnung oder Beziehung; logische Verbindung von Ursache und Wirkung; logische Kontinuität.

Anvaya-vyatireka: positive und negative Behauptungen; Beweis durch Behauptung und Negation.

Anyatha: Getrenntheit; falsch, irrtümlich.

Anyathakhyati: der Prozess der falschen Betrachtung eines Objekts beim Anblick eines anderen ähnlichen Objekts durch die Wiederbelebung des Eindrucks der vergangenen Erfahrung des ersten Objekts. Die Theorie, dass die Schlange anstelle eines Seils gesehen wurde, liegt daran, dass davor [an einem anderen Ort] eine Schlange gesehen wurde.

Anyonya: gegenseitig.

Anyonya-abhava: Gegenseitige Nicht-Existenz (z. B. ein Glas existiert nicht in einem Tuch oder das Tuch in einem Glas).

Anyonya-adhyasa: gegenseitige Überlagerung.

Anyonya-asraya: gegenseitige Abhängigkeit.

Apahatapapapmatva: Der Zustand der Freiheit, der von allen Sünden befreit ist; die höchste Seele.

Ap: Wasser – eines der fünf Elemente.

Apamana: Respektlosigkeit, Schande.

Apana: Die Lebensenergie (Prana), die die Bauchregion regiert, die ihr Zentrum im Anus hat; sie übernimmt die Ausscheidungsfunktion der Fäkalien; sie wirkt auf den Auswurf; der nach unten gehende Atem bzw. Lebensenergie.

Apanchikarana: subtiler Zustand der Materie vor der Vermischung, um die fünf physischen Elemente zu bilden.

Apara: andere; relativ; niedriger; minderwertig.

Apara-brahman: unterer Brahman; Saguna Brahman oder Isvara (persönlicher Gott).

Aparadha: Fehler.

Aparajita: unbesiegbar.

Apara-paksha: die andere Seite oder der Flügel.

Apara-parsva: eine andere Seite oder die andere Flanke.

Apara-prakriti: die niedrigere kosmische Energie, durch die Gott [Brahman] alle Formen in der Natur projiziert, physisch und subtil. Sie besteht aus Erde, Wasser, Feuer, Raum und Luft, Denken, Intellekt und dem Ego.

Apara-vairagya: die niedrigere Art von Vairagya oder Leidenschaftslosigkeit.

Apara-vidya: Kenntnis der Veden oder niedrigeres Wissen; intellektuelles Wissen.

Aparicchinna: unendlich; endlos.

Aparigraha: Kein Erhalt von Gaben, die dem Luxus förderlich sind; Verzicht auf jeglichen Besitz.

Aparimita-drishti: der Blick über die Begrenzungen von Raum, Zeit und Ursache.

Aparinami: unveränderlich.

Aparoksha: direkt; sofort (im Zusammenhang mit der Erkenntnisgewinnung, d. h. ohne Anwendung der Vernunft).

Aparoksha-anubhuti: direkte, tatsächliche intuitive Erfahrung.

Aparokshanubhava-svarupa: die Essenz der direkten intuitiven Wahrnehmung; die Natur oder Form der direkten Verwirklichung.

Aparokshatva: Gefühl der Direktheit oder Unmittelbarkeit.

Apas: Wasser. Das vedische Symbol für die sieben kosmischen Prinzipien und ihre Aktivitäten.

Apasarpana: Ich ziehe weg.

Apas-tattva: Wasser-Prinzip.

Apataramaniya: schön aussehend.

Apatkala: ungewöhnliche Zeit des Unglücks.

Apavada: Ausnahme; Negation; Ablehnung; Aufhebung, Widerlegung z. B. von einer falschen Unterstellung oder Glauben.

Apavada-yukti: Einsatz der logischen Methode von Apavada.

Apavarga: Befreiung; die letzte der vier Purusharthas, nämlich Moksha oder endgültige Befreiung (die anderen drei sind Dharma, Artha und Kama); Befreiung von der Knechtschaft der Verkörperung.

Apavitra: unrein.

Apekshikya: Verwandter.

Apekshita: Verwandter.

Aprajnata: unbekannt.

Aprakata: nicht veröffentlicht; verborgen; versteckt.

Aprama: falsches oder falsches Wissen.

Apramatta: vorsichtig; wachsam; nicht stumpf.

Aprameya: unermesslich; unbegrenzt; unergründlich.

Aprana: ohne Prana; Brahman.

Apratarkya: unvorstellbar; undenkbar.

Apratisamkhyanirodha: Beendigung nicht abhängig von einer.

Apritak: unzertrennlich; zusammen mit, gemeinsam.

Apta: eine kompetente Person; ein Weiser oder ein Adept; ein Gratulant.

Apta-dharma: die Pflicht der zuverlässigen Großen oder Weisen.

Apta-kama: Einer, dem alle Wünsche erfüllt wurden; ein Jivanmukta; ein realisierter Weiser.

Apta-vakya: Der Beweis der Weisen; Zeugnis der Vertrauenswürdigen; Veden oder Sruti; etwas, das von einem anderen berichtet wird, den man vertraut.

Apunya: nicht verdienstvoll; sündhaft.

Apurna: unvollkommen; nicht voll; unvollständig.

Apurva: Unsichtbar; seltsam; außergewöhnlich; die verborgene Kraft oder Kraft des Karma, die ihre Früchte in der Zukunft bringt.

Apurvata: ungewöhnliche Art des Beweises.

Aradhana: besondere Anbetung Gottes.

Arambha: mentaler Einsatz einer Handlung; Sankalpa.

Arambhakopadhana: Die materielle Ursache, die einen Effekt als eine wesentlich andere Einheit hervorbringt, z. B. Atome der Vaiseshika-Schule.

Arambha vada: Die Theorie, dass die Welt (d. h. das Universum) das Ergebnis des Zusammenkommens von Atomen ist.

Arani: Opferholz aus dem Sami-Baum, um durch Reibung Feuer zu erzeugen.

Arankyaka: Eine Klasse von religiösen oder philosophischen Schriften, die eng mit den Brahmanas verbunden sind und deshalb so benannt wurden, weil sie im Wald geschrieben oder studiert wurden.

Arati: regelmäßiger Gottesdienst am frühen Morgen oder in der Abenddämmerung mithilfe von Lampen, Weihrauch und Glockenläuten.

Archana: Opfergaben z. B. Blumen und heiligen Blättern, etc., zur Zeit der Puja oder Anbetung.

Archiradi-marga: Der Weg der Götter oder der nördliche Weg des Jiva, durch den der Yogi, nach dem Tod in die Welt von Brahman aufsteigt, nachdem er den Körper auf dieser Erde verlassen hat.

Ardhangini: Bessere Hälfte; Partner im Leben (Frau); besonders Parvati, die Frau der Gottheit Siva.

Arghya: Opfergaben z. B. Wasser für Devatas und Rishis.

Arjava: Einfachheit; Geradlinigkeit; Rechtschaffenheit; Aufrichtigkeit.

Aroha: Aufstieg.

Artha: „Was erwünscht ist"; Sinn; Zweck; Objekt der Wahrnehmung; Objekt der Begierde; Reichtum; Erwerb von Reichtum.

Arthapatti: Vermutung; einer der Beweise des Wissens.

Arthartha: Sehnsucht nach Reichtum.

Artharthi: Einer, der sich nach Reichtum sehnt.

Arthavada: Verherrlichende Passage; überzeugender Ausdruck; Texte, die auf übertriebene Weise Kritik oder Lob enthalten; übertriebene Verherrlichung mit dem klaren Ziel, den Menschen zu einer bestimmten Handlungsweise zu bewegen.

Arundhati-nyaya: Der Stern Arundhati ist mit bloßem Auge selten zu sehen; um ihn hervorzuheben, wird daher zunächst ein sehr großer Stern in seiner Nähe zu Arundhati gezeigt; dann wird er zurückgewiesen und ein kleinerer Stern wird als Arundhati gesehen und so weiter, bis der eigentliche

Arundhati gefunden wird. Diese Methode, vom Großen zum Subtileren zu gelangen, wird Arundhati-nyaya genannt.

Arupa: formlos.

Arupa-mano-nasa: Zerstörung des Geistes ohne Form, wie bei einem Videhamukti.

Arurukshu: Einer, der versucht, den Yogazustand zu erreichen.

Aryadharma: vedische Region.

Asa: Hoffnung; Erwartung.

Asabda: geräuschlos.

Asabdam: ohne Ton; lautlos mit Bezug auf Brahman.

Asadavarana: Eine Macht von Avarana Sakti, die die Existenz von Brahman verschleiert und uns glauben lässt, dass kein Brahman existiert; einer der Aspekte von Avarana Sakti.

Asadharana karana: ungewöhnliche Ursache.

Asadharana: außergewöhnlich; ungewöhnlich.

Asadharana-nimitta: besondere Ursache oder Hauptursache.

Asakta: ungebunden; selbstlos.

Asamavaya-karana: Eine Nyaya Terminologie; nicht begleitende Ursache; z. B. ein Rad und ein Stock des Töpfers, die bei der Herstellung eines Topfes helfen.

Asamavayi: nicht eng verwandt.

Asambhava: Unmöglichkeit.

Asambhavana: Spiritueller Zweifel; dies ist einer der drei Pratibandhas, die der Selbstverwirklichung im Wege stehen.

Asamprajnata-samadhi: Höchster Zustand, in dem der Verstand und der Ego-Sinn völlig vernichtet sind.

Asamsakti: Fünfte Jnana-bhumika oder die fünfte Stufe auf dem Weg des Wissens, wobei es keine Bindung an weltliche Objekte gibt.

Asamvedana: unvergänglicher Zustand des ruhenden Jnana; Nirvikalpa Samadhi; gedankenloser Zustand.

Asamyagdarsana: Bewusstsein des objektiven Universums; unvollkommene Vision.

Asamyagdarsin: Eine Person, die nicht zur vollkommenen Erkenntnis aufgestiegen ist; eine Person, die keine richtige Vision besitzt und das Bewusstsein auf die Welt fokussiert hat.

Asana: Haltung; Sitz; das Sitzen in speziellen (und eigenartigen) Körperhaltungen für lange Zeiträume, um spirituellen Nutzen zu erlangen.

Asanaya: Hunger; Nahrungsträger.

Asanga: frei von der Anhaftung; beziehungslos.

Asanga-bhavana: Geisteshaltung der Nicht-Anhaftung.

Asango-ayam purushah: Diese Purusha ist ungebunden (bezieht sich auf Brahman, der ungebunden ist).

Asanti: Unruhe; kein Frieden; Ablenkung.

Asara: ohne Essenz; trocken; unfruchtbar.

Asariraka: körperlos.

Asat: Das, was nicht ist; unwirklich; nicht existiert im Sinne von nicht manifestiert; Nicht-Sein im Gegensatz zu Sat oder Sein, Existenz oder Realität.

Asatkarya vada: Die Doktrin, die leugnet, dass die Wirkung in der Ursache vorhanden ist (normalerweise mit Bezug auf die Schöpfung).

Asaya-bija: Potenzielles Saatgut; Saatgut, das zukünftiges, vielfältiges Wachstum enthält.

Asha: Wunsch, Verlangen, Hoffnung, Erwartung; Anspruch.

Ashtakshara Mantra: Mantra mit acht Buchstaben Om Namo Narayanaya.

Ashtanga: bestehend aus acht Teilen.

Ashtanga Yoga: Yoga der acht Teile oder Glieder. Raja Yoga von Patanjali.

Ashtavadhani: Einer, der acht Dinge gleichzeitig ausführt.

Asiddha: nicht perfektioniert; nicht realisiert.

Asmat: Was uns oder mich betrifft.

Asmi: Ich bin es, ich existiere.

Asmita: Egoismus.

Asmita-nasa: Zerstörung von Egoismus oder Ignoranz.

Asmita-samadhi: Überbewusster Zustand.

Asmriti: Vergesslichkeit; Zustand der Bewusstlosigkeit.

Asparsa: berührungslos; immateriell; Name von Brahman.

Asrama: Lebensordnung, Lebensabschnitt (davon vier, Brahmacharya oder spirituelle Schüler, Grihastha oder das Haushaltsleben, Vanaprastha oder Waldhaus und Sannyasa Klosterleben).

Asrama-dharma: Pflichten mit Bezug auf die vier Ordnungen oder Lebensabschnitte.

Asrama-karani: Aufgaben der vier Lebensabschnitte.

Asrupata: der Fluss der Tränen.

Astavakra: der gleichnamige Weise der Astavakra Gita (oder Samhita).

Asteya: Nicht stehlen; eines der fünf Elemente von Yama im Ashtanga Yoga.

Asthi: Knochen.

Asthira: schwankend und unsicher.

Asthula: subtil; Brahman.

Asti: Existiert; ist; Brahman.

Asti-bhati-priya: Sat-Chit-Ananda; die ewigen Qualitäten von Brahman.

Astika: Wörtlich „es gibt oder existiert"; bezeichnet einen, der an die Existenz Gottes glaubt oder, genauer gesagt, einen, der sich der Autorität der Veden beugt.

Astra: Rakete; Waffe, die mit einem Mantra beschworen wird.

Asu: jedes Streben, um das Leben zu erhalten; der Atem des Lebens; Prana-vayu oder die fünf Pranas.

Asubha: böse; unheilvoll.

Asubha-vasana: unreines Verlangen oder Tendenz.

Asuchi: unrein; nicht sauber.

Asuddha: nicht rein.

Asuddha-manas: unreiner Geist; niederer Geist mit bösen Eindrücken.

Asuddha-maya: Maya wo Rajas überwiegt; der Avidya Upadhi des Jiva.

Asuddha-sankalpa: unreine Entschlossenheit.

Asuddhi: Verunreinigung.

Asu-dravana sakti: die Kraft des schnellen Schmelzens.

Asukla: Nicht weiß daher schwarz.

Asura: Dämon; böse Tendenz im Menschen; Geist, Gegner der Götter.

Asuri-sampat: teuflische Qualitäten; dämonischer Reichtum.

Asuya: Eifersucht; Neid.

Asvamedha: das Rossopfer oder Opfer der Pferde.

Asvamedha-yajna: das Opfer der Pferde; eine aufwendige vedische Zeremonie.

Asvanaya: Pferdetransporter.

Asvattha: der heilige Feigenbaum.

Asvins: Die beiden Reiter auf dem Pferd; Pferdelenker; Name für ein göttliches Zwillingspaar; Herren der freudigen Aufwärtsbewegung des Intellekts und der Lebenskräfte; sie sind Kräfte der Wahrheit, des intelligenten Handelns, des rechten Genusses.

Atadvyavritti: Der Prozess des Erkennens der absoluten Wahrheit durch ein Objekt, das ihr entgegengesetzt ist; z. B. Das Selbst unterscheidet sich von den drei Körpern.

Atadvyavritti-samadhi: Samadhi, dass keine Hilfe anderer benötigt; Samadhi durch die Negation von Anatma erreicht.

Atanu: körperlos; Brahman.

Atarkya: Das, was man nicht ausdiskutieren kann; Brahman.

Atigraha: Objekt der Vernunft.

Atilaghava: außergewöhnliche Leichtigkeit.

Atindriya sukha: das Glück jenseits der Sinne; die Glückseligkeit des Brahman oder des Absoluten.

Atindriya: Jenseits der Sinne.

Atiprasna: Zu viel Fragen; transzendentale Frage.

Atisaya: Exzess; Überlegenheit; höchste Perfektion.

Atisukshma: Äußerst subtil.

Atita: Vergangenheit; oben; jenseits; darüber hinaus (z. B. Zeit); transzendent.

Atithi: Gast.

Atithi-yajna: Unterhaltung und Nahrung für Gäste; eine der Pancha-maha-yajnas oder tägliche Pflichten, die dem Hausherrn auferlegt werden.

Ativahika-deva: himmlisches Wesen.

Ativahikatva: Die Gottheit, die von Gott ernannt wurde, um bei der Vermittlung des Sukshma (subtilen) Körpers an andere Körper am Ende guter Handlungen zu helfen, die zum Genuss materieller Freuden beitragen.

Ativarnasrami: Einer, der die Ordnung und das Stadium des Lebens überschritten hat. Ein Paramahamsa oder ein Avadhuta.

Ativyapti: Redundanz: Dies ist einer der drei Tests, um ein Objekt zu verstehen. Dies entsteht, wenn die aufgezeigten Merkmale auch in anderen Objekten zu finden oder diesen gemeinsam sind.
Zum Beispiel sind die Kühe vierbeinig. Hier haben nicht nur Kühe, sondern auch andere Tiere vier Beine. Daher Redundanz.

Ativyapti-dosha: Ein Trugschluss im Nyaya System, wo eine Definition ungerechtfertigterweise über ihre legitime Bezeichnung hinausgeht, z. B. ist eine Kuh ein gehörntes Tier. Hier kann die Definition „Horntier" auch auf alle anderen Horntiere angewendet werden.

Atman (oder Atma): Das Selbst; das höchste Selbst; Atman ist Brahman.

Atma-anatma-viveka: Unterscheidung zwischen dem Selbst und dem Nicht-Selbst.

Atmabala: Seelenkraft.

Atma-bhava: Das Gefühl, dass alles das Selbst ist.
Atma-bodha: Erkenntnis des Selbst; ein Werk von Adi Shankara.
Atma-chintana: Reflexion über das Selbst oder des Atman.
Atma-drishti: die Vision, alles als das Selbst zu sehen.
Atma-ghata: Selbstmord; physischer Selbstmord.
Atmaha: Schlächter des Selbst.
Atmajna: Einer, der das Selbst erkannt hat; der Seher mit Selbsterkenntnis.
Atma-jnana: direkte Erkenntnis des höchsten Selbst; Brahma-jnana.
Atma-krida: Einer, der sich über sein eigenes Selbst erfreut.
Atma-labha: Verwirklichung des Selbst.
Atma-lakshya: das Selbst als Ziel.
Atma-nishtha: Verweilt im Selbst.
Atma-nivedana: Sich vollkommen dem Göttlichen widmen; sich selbst ergeben.
Atma-prakasa: das Leuchten oder das Licht des Selbst.
Atma-pratyaksha: direkte Wahrnehmung des Selbst.
Atma-rati: Freude am Selbst; interessiert oder zentriert im Selbst.
Atma-samarpana: Selbstweihe; das Selbst zu Füßen des Herrn darbringen.
Atma-santushti: Zufriedenheit im eigenen Selbst.
Atmasrayi: abhängig vom Selbst z. B. Isvara.
Atma-tripta: Einer, der zufrieden im Selbst ruht.
Atma-tripti: Zufriedenheit im eigenen Selbst.
Atma-vibhuti: geistiger Reichtum als Folge der Selbsterkenntnis.
Atma-vichara: Untersuchung des Selbst.
Atma-vit: Kenner des Selbst; jemand, der die Wahrheit von Atman kennt.
Atura-sannyasa: Sannyasa im Moment des Todes angenommen.

Atyanta: zu viel; bis zum Äußersten.

Atyanta-abhava: völlige Nicht-Existenz.

Atyanta-asat: Extrem nicht vorhanden.

Atyantika: endgültig; ultimativ.

Atyantika-Pralaya: Sofortige Befreiung; Befreiung des Individuums, wobei es eine vollständige Vernichtung aller subjektiven Phänomene gibt.

Audasinya: Gelassenheit gegenüber allen Sinneserfahrungen und Gegensätzen; ein hoher Zustand von Jnana.

Aupadhika: (Genuss) durch das Medium der Sinne.

Aushadhi: Kräuter; Medizin.

Avaccheda: Abgrenzung; Abschnitt.

Avaccheda-upadhi: Begrenzungszusatz.

Avaccheda-vada: Doktrin der Begrenzung; Doktrin, dass die Seele begrenzt durch Zusätze [Upadhis] das höchste Selbst ist.

Avacchinna-chaitanya: Bewusstsein durch Begrenzungen (scheinbar) eingeschränkt.

Avadhuta: Ein Asket, der auf die weltlichen Dinge verzichtet hat; die sechste Ordnung der Sannyasins, meist nackt; der höchste Zustand der Askese [Tapas].

Avahana: Die Anrufung der Gottheit durch bestimmte Mantren zum Zweck der Manifestation während der Zeit der Anbetung.

Avaikalya: Perfektion.

Avajna: Verachtung.

Avangmanogochara: außerhalb der Reichweite von Sprache und Geist [Denken]; Brahman oder das Selbst.

Avantara: Mittelstufe.

Avantara-vakya: In der Vedanta-Philosophie wird die sekundäre Definition verwendet, um Brahman zu definieren, bevor der Schüler in die Bedeutung eingeweiht wird.

Avarana: der Maya Aspekt der Verschleierung. In der Seil-Schlange-Metapher hindert uns diese Kraft daran, die Realität des Seils zu erkennen; Schleier der Unwissenheit.

Avarana-abhava: Fehlen des Schleiers der Unwissenheit.

Avarana-bhanga: Zerstörung des Schleiers der Unwissenheit.

Avarana-sakti: die Maya Kraft der Verschleierung.

Avaroha: Abstieg.

Avasana: Ende; Fertigstellung; Abbruch.

Avastha: Zustand.

Avasthantargataprapti: Der Zustand wobei sich die Wirkung in der Ursache auflöst.

Avasthasth: dauerhaftes Bleiben; Unveränderlichkeit.

Avasthatraya: Drei Zustände des Bewusstseins, Wachzustand, Traumzustand und Tiefschlaf.

Avastu: nicht materiell; nicht substanziell; nichts; ohne die Eigenschaften z. B. raumgebunden und zeitgebunden.

Avatara (Avatar): Abstieg des Göttlichen in die menschliche Ebene; Inkarnation.

Avatara-vada: Die Lehre, die besagt, dass Gott eine menschliche Gestalt annimmt.

Avayava: Glied; Mitglied.

Aveechi: ohne Wellen; auch der Name einer Region in der Hölle.

Avibhaga: Nicht-Trennung.

Avicchinna: kontinuierlich; ungeteilt; nicht abgeschnitten.

Avidhi: Riten, die nicht in Übereinstimmung mit den Anweisungen der Sastras [Schriften] durchgeführt wurden; nicht nach den Formeln der Schriften.

Avidya: Ignoranz; Unwissenheit oder Maya; eine Sakti oder Illusionskraft in Brahman.

Avidyanasa: Zerstörung der Unwissenheit; Befreiung von der Knechtschaft der Verkörperung.

Avidya-nivritti: Entfernung der Unwissenheit; Moksha.

Avidyopadhi: Upadhi der Unwissenheit oder scheinbare Einschränkung des Atman mit Bezug auf das Individuum ergibt den Jiva.

Avidya-samskara: mentaler Eindruck der grundlegenden Unwissenheit.

Avijnata: unbekannt; Brahman.

Avikari: unveränderlich; Brahman.

Avimukta: die nicht befreite Seele.

Avinabhava: eine notwendige Verbindung des einen mit dem anderen; inhärenter und wesentlicher Charakter.

Avinasi: unzerstörbar.

Avirati: Gier, Unbeherrschtheit; sinnlicher Genuss.

Avirodha: ohne Widerspruch.

Avisvasa: Misstrauen; Verdacht.

Avivada: vereinbart, nicht bestritten; jenseits aller Disputation.

Aviveka: Nicht-Unterscheidung.

Avritta-chakshuh: Jemand der seinen Blick nach innen gerichtet hat.

Avyabhicharini-bkakti: Hingabe an eine Sache; unerschütterliche Liebe zu einem bestimmten Aspekt des Herrn.

Avyakrita: undifferenziert; undefiniert.

Avyakta, Avyaktam: Nicht manifestiert; unsichtbar.

Avyakta-nada: nicht manifestierter Klang.

Avyapadesya: unbeschreiblich.

Avyapti: Nichteinbeziehung oder Ausschluss eines Teils einer definierten Sache.

Avyavahara: frei von weltlichen Aktivitäten oder Sorgen.

Avyavahita: In der Nähe; sofort; direkt; ohne dazwischenliegendes Objekt.

Avyaya: unerschöpflich; unvermindert; unveränderlich.

Ayaama: Umfang; Erweiterung.

Ayam ghatah asti: Dieses Glas ist. (Diese Existenz ist die Realität oder Brahman, nicht die Glasform).

Ayama: nicht zurückhaltend; Nachsicht.

Ayam-atma-brahma: Dieses Selbst ist das Absolute; einer der vier Mahavakyas.

Ayana: Bewegung; der Lauf der Sonne nach Norden und Süden.

Ayukta: Wer keine Konzentration hat, der ist kein Yogi.

Ayur: Leben.

Ayuta: getrennt; nicht verbunden; ununterbrochen; ungestört.

Ayuta-siddha: Hat sich als unzertrennlich und inhärent erwiesen.

Ayuta-siddhi: der Beweis der Unzertrennlichkeit bestimmter Dinge und Vorstellungen gemäß der Vaiseshika Philosophie.

B

Baba: ein Sadhu; weiser Mann.

Baddha: Gebunden; einer, der im Zustand der Knechtschaft ist.

Badhita: Belästigt, gequält, unterdrückt; widersprochen; inkonsistent, absurd.

Bahih: nach außen.

Bahih-prajna: objektives Bewusstsein sowie im Wachzustand.

Bahiranga: weltlich [extrovertiert] im Gegensatz zum Inneren (mit Bezug auf spirituelle Disziplinen).

Bahiranga-lakshya: Konzentration auf ein äußeres Objekt oder einen Punkt im Raum.

Bahir-dhauti: äußeres Waschen und Reinigen.

Bahirmukha: nach außen gerichtet; nach außen geneigt; extrovertiert.

Bahirmukha-vritti: nach außen gerichtete Tendenz des Geistes.

Bahirvrittinigraha: Zurückhaltung der mentalen Wellen des Geistes.

Bahishkrita: ausgestoßen.

Bahudaka: Die zweite der sechs Arten von Sannyasins, die ein Haarbüschel tragen.

Bahudakshina: Asvamedha Ritual, in dem viele oder große Geschenke den Priestern geopfert werden.

Bahudha: vielfältig; in vielerlei Hinsicht.

Bahusyam: Möge ich viele sein.

Bahutva: Pluralität.

Bahuvirya: Enorme Kraft.

Bahya: extern; Äußeres.

Bahya-karana: äußeres Instrument z.b. Auge, Ohr, etc.

Bahya-vishaya-pratyaksha: externe objektive Wahrnehmung.

Bala: Gewalt, Stärke, Mut, Kraft, Macht.

Bāla: kindlich; geistig unreif.

Balaka: Kind, Junge.

Balavat: als Kind.

Bali: eine Opfergabe.

Bandha: Bindung an die Welt.

Bandha-moksha: Bindung und Befreiung.

Basti: Die Reinigungsübung für verstopfte Eingeweide; äußere Reinigung der Eingeweide.

Bhaga: Wohlstand, Überfluss; Herrlichkeit.

Bhaga tyaga lakshana: Technik, die von den Schriften verwendet wird, um auf Aspekte hinzuweisen, die nicht direkt mit Worten erklärt werden können.

Bhāga: Teil, Teilung.

Bhagavad Gita: Der heilige Text, der Teil des Hindu-Epos Mahabharata ist. Es ist ein Dialog zwischen Krishna, dem Wagenlenker/Gott, der das höchste Selbst darstellt, und dem Krieger Arjuna, der jeden von uns auf dem Schlachtfeld von Kurukshetra vor Beginn der Schlacht symbolisiert. Die Schrift gilt als Smriti.

Bhagavan: der Herr; Narayana oder Hari.

Bhagavata: ein Anbeter Gottes als Bhagavan oder Vishnu. Das Bhagavatam ist der Name einer Purana Schrift, die von den Vaishnavas als ihre Schrift angesehen wird.

Bhagavata-dharma: das Gesetz der Vaishnava-Befreiung durch Anbetung und Liebe. Auch bekannt als Satvata Dharma.

Bhaj: Verfolgen, praktizieren, kultivieren oder suchen.

Bhajan: Anbetung (des Herrn); Lobpreis (des Herrn); Zuflucht (im Herrn) nehmen.

Bhakta: Verehrer; einer, der Bhakti Yoga praktiziert.

Bhakti: Hingabe; Liebe (Gottes).

Bhakti-marga: Der Weg der Hingabe zur Erlangung der Göttlichkeit.

Bhakti Yoga: Die Bezeichnung für den Weg der liebenden Hingabe an Gott, der meist als persönlich angesehen wird.

Bhakti-yogi: Einer, der die Vereinigung mit Gott durch die vorgeschriebene spirituelle Disziplin des Pfades der Hingabe anstrebt.

Bhamiti: wörtlich „glänzend"; Name einer der beiden Schulen von Advaita, auch Vacaspati Schule genannt. Die andere Schule ist die Vivarana Schule.

Bhana: Manifestation; Aussehen.

Bhandara: Lagerhaus.

Bharata: ein Nachkomme von König Bharata, dem Sohn von Sakuntala und Dushyanta. In der Gita bezieht sich das Wort gelegentlich auf Dhritarashtra und häufig auf Arjuna, die beide vom alten König Bharata abstammen.

Bharta: der Unterstützer; Isvara.

Bhartihari: Dichter und Grammatiker im 7. Jahrhundert n. Chr.

Bhashya: erklärende Arbeit oder Kommentar zu anderen heiligen Schriften.

Bhasyakara: verschiedene Kommentatoren (zu einer Philosophie).

Bhati: Leuchtet; erleuchtet; Intelligenz; Bewusstsein.

Bhautika: aus den Elementen zusammengesetzt; physisch.

Bhava: Geisteshaltung, die meist eine bestimmte Beziehung zu Gott ausdrückt; jede der fünf solchen Haltungen, die vom Vaishnavismus, nämlich Santa, Dasya, Sakhya, Vatsalya und Madhurya (vom Frieden, vom Diener, vom Freund, von der Mutter bzw. vom Geliebten) vorgeschrieben sind; geistige Haltung, Gefühl; subjektiver Zustand des Seins; Haltung des Geistes; Zustand der Verwirklichung im Herzen oder Geist; richtiges Gefühl und Gemütszustand; rechte Absicht; rechte Vorstellung; rechte geistige Disposition; Reinheit des Denkens.

Bhava-advaita: Geisteshaltung der Nicht-Dualität.

Bhava padartha: Eine Sache, die es gibt.

Bhavana: Gefühl; mentale Einstellung.

Bhavana-sakti: Vorstellungskraft.

Bhava-rupa: positive Natur des tatsächlichen Seins.

Bhava-samadhi: Hoher Bewusstseinszustand, der von Bhaktas oder Anhängern durch intensive göttliche Emotionen erreicht wird.

Bhava-vastu: Eine Sache, die es gibt.

Bhaya: Angst.

Bheda: Unterschied; Aufspaltung; Trennung, Teilung, Differenz; Veränderung, Modifikation.

Bheda-abheda: Differenz und Nicht-Differenz; ein System der Philosophie, in dem sich das Individuum von der höchsten Seele unterscheidet und eins mit ihr ist.

Bheda-ahamkara: das differenzierende Ego; das Gefühl der Trennung.

Bheda-buddhi: Der Intellekt, der Unterschiede erschafft, der Vyavaharika Buddhi, der alles diversifiziert, im Gegensatz zu Paramarthika Buddhi, der alles vereint.

Bheda-jnana: Bewusstsein der Differenz; weltliches Bewusstsein.

Bhiantisukha: illusorisches Vergnügen; täuschendes Glück.
Bhiksha: Almosen.
Bhikshu: Mönch; Bettler; Sannyasi.
Bhinna: anders; abgeschnitten; gebrochen; bunt.
Bhoga: Erfahrung; Wahrnehmung; Genuss.
Bhogi: Genießer von sinnlichen oder weltlichen Freuden.
Bhogabhumi: Land der Erfahrung oder des Genusses.
Bhogya: Objekt der Erfahrung oder des Genusses.
Bhokta: Thema der Erfahrung oder des Genusses.
Bhoktri: Jemand, der es genießt (oder isst), ein Erfahrener oder Fühlender.
Bhoktritva: der Zustand des Erlebens oder Genießens.
Bhrama: Illusion; Verwirrung, Fehler, Wahnvorstellung; Wandern.
Bhramara-kita-nyaya: Die Analogie von einer Wespe und der Raupe, die besagt, wie sich die Raupe durch intensives Nachdenken in eine Wespe verwandelt. Trotzdem wird der Jiva selbst zu Brahman, indem er intensiv über Letzteres meditiert.
Bhranti: Wahnvorstellung; falsche Vorstellung; falsche Idee oder Eindruck; Verwirrung, Fehler, falsche Meinung.
Bhrantidarsana: eine falsche Vorstellung.
Bhrantija: geboren aus Täuschung oder Missverständnis.
Bhrantimatra: bloße Illusion oder Wahnvorstellung.
Bhrashta: Vom Yoga Weg gefallen.
Bhrukuti: Abstand zwischen den Augenbrauen.
Bhrumadhya-drishti: Betrachten Sie den Raum in der Mitte zwischen den Augenbrauen.
Bhuh: die Erde.
Bhujangasana: Kobra Pose des Hatha Yogi.
Bhukti: materieller Genuss.
Bhuma: die höchste Realität, Brahman. Das Unendliche, Unveränderliche, Ewige.
Bhuman: Fülle, Reichtum.

Bhumika: Schritt oder Stufe; Zustand; Grad.

Bhuta: Was entstanden ist; ein Wesen im Gegensatz zum Unbekannten; einer der fünf elementaren Bestandteile des Universums; Element (z. B. Feuer oder Wasser).

Bhuta-bhavishyad-vartamana: Vergangenheit, Zukunft und Gegenwart.

Bhutajanya: aus den Elementen geboren.

Bhutajaya: Eroberung über die Elemente oder den Körper.

Bhutapati: der Herr der Wesen; ein Name der Gottheit Siva.

Bhutasakti: Macht in der Materie; subtile materielle Elemente; permanente Atome.

Bhutatanmatras: die Ur-Elemente der Materie.

Bhutasiddhi: perfekte Kontrolle über die Elemente und den Körper.

Bhutasuddhi: Reinigung der Körperelemente.

Bhutatma: das niedere Selbst.

Bhutayajna: Ein Opfer für die untermenschlichen Geschöpfe; einer der fünf täglichen Opferrituale, die dem hinduistischen Hausherrn auferlegt wurden.

Bhuvah: die höhere ätherische oder astrale Welt oder auch die Atmosphäre.

Bhuvana: Welt.

Bija: Samen; Keim, Quelle.

Bijakshara: Der ursprüngliche Buchstabe, in dem sich die latente Kraft eines Mantra befindet.

Bijatma: das subtile innere Selbst, auch Sukshmatma, Sutratma oder Antaryamin genannt.

Bimba: das Ursprüngliche; Brahman.

Bimba-pratibimba-vada: Die Doktrin, dass der Jiva ein Spiegelbild von Brahman ist; der Jiva als Spiegelbild von Brahman ist also keine andere Sache, sondern absolut eins mit ihm.

Bindu: Punkt; Samen; Quelle; die Grundlage, von der das erste Prinzip, Mahat-Tattva, nach dem Tantra-Sastra ausging.

Bindu-jagrat: die erste Ajnana-Bhumika.

Boddhavya-lakshana: das, was bekannt sein soll.

Bodha: geistige Weisheit; Wissen; Intelligenz.

Bodhaikata: Einheit des Bewusstseins.

Brahma: Schöpferaspekt auch als Hiranyagarbha oder kosmische Intelligenz bezeichnet, Gott als Schöpfer des Universums in der hinduistischen Mythologie (die anderen sind Vishnu der Erhalter und Shiva der Zerstörer). Die Lebenszeit, der Zustand der Manifestation von Brahma beträgt 311.4 Billionen menschliche Jahre. Nicht zu verwechseln mit Brahman, der absoluten Realität!

Brahma-bhavana: das Gefühl der Identität mit Brahman, wie auch mit allem anderen als Brahman.

Brahmabhuta: Einer, der mit Brahman eins wurde.

Brahmabhyasa: Meditation über Brahman.

Brahmachari: Zölibatär; religiöser oder keuscher Student; einer, der zu den ersten der vier Asramas oder Lebensordnungen gehört; einer, der in Reinheit lebt und die Veden studiert.

Brahmacharya: die erste Phase des Hindu-Lebens, nämlich das zölibatäre Studentenleben.

Brahmacharya-asrama: Ordnung der Schüler (Studenten), die sich mit dem Studium der Veden und dem Dienst des Gurus oder des Lehrers beschäftigen.

Brahma-chintana: ständige Meditation über Brahman.

Brahmadvara: Tür zu Brahman.

Brahma-granthi: der Knoten der Unwissenheit im Muladhara-Chakra.

Brahma-jnana: direkte Erkenntnis von Brahman.

Brahmakaravritti: Der einzige ultimative Gedanke von Brahman unter Ausschluss aller anderen Gedanken, der durch intensive Meditation erreicht wird.

Brahmaloka: die Welt des vierköpfigen Schöpfers. Die Welt von Brahma. Der höchste Himmel laut dualistischen Religionen.

Brahma-muhurta: eineinhalb Stunden vor Sonnenaufgang.

Brahma Sutra(s): ein Buch (in Sutra-Form) von Vyasa.

Brahman: das universelle Selbst oder absolutes Bewusstsein, das Absolute, die einzig absolute Realität, die höchste Transzendenz; Gott selbst. Es gibt nur Brahman. Die höchste Realität, die eins und unteilbar, unendlich und ewig ist; die alles durchdringende, unveränderliche Existenz – Wissen – Glückseligkeit; die Essenz von Jiva [individuelle Seele], Isvara [persönlicher Gott] und Maya. Von der Wortwurzel „br̥h" (expandieren, wachsen, vergrößern).

Brahmana: ein Abschnitt der Veden über die Bedeutung und den Gebrauch der vedischen Hymnen; der erste der vier Varnas oder Kasten der hinduistischen Gesellschaftsordnung; Mann der Weisheit; ein Weiser der Selbstverwirklichung.

Brahmanadi: Sushumna; pranischer Strom.

Brahmanda: Brahmas Ei; der Makrokosmos.

Brahmanishta: Einer, der in die Betrachtung des Brahman vertieft ist und sich nur diesem Zweck verpflichtet fühlt.

Brahmanubhava: Selbstverwirklichung; Gottesverwirklichung; absolute Erfahrung.

Brahmanusandhana: Betrachten, Nachdenken, Suchen, Nachfragen, Betreuen, Erforschen, Erforschen der Natur von Brahman.

Brahma-parayana: Einer, dessen Glaube und einzige Zuflucht in Brahman ist.

Brahma Priester: Das Oberhaupt der vier Priester der ein Ritual leitet.

Brahma-randhra: geistige Öffnung in der Krone des Kopfes.

Brahma-sakshatkara: Verwirklichung von Brahman; direkte Erfahrung des absoluten Wesens.

Brahma-sakti: die Macht des höchsten Wesens.

Brahma-samstha: Verweilt oder fixiert in Brahman.
Brahma-srotriya: Wer die Veden und die Upanishaden kennt.
Brahma-stithi: Verweilen in Brahman.
Brahma-tejas: die strahlende Pracht von Brahman.
Brahma-vada: die Lehre über Brahman, die Vedanta Philosophie [im Gegensatz zur Vedavada].
Brahma-vadin: Wer dafür eintritt, dass es nur eine Existenz gibt, nämlich Brahman.
Brahma-vakya: göttliche Offenbarung so wie die Upanishaden.
Brahma-vichara: Untersuchung von Brahman.
Brahmavidvara: Einer, der den fünften Jnana erreicht hat.
Brahmavidvarishtha: Ein ausgewachsener Jnani; ein Jivanmukta, der den siebten Jnana-Bhumika oder Turiya erreicht hat.
Brahmavidvariya: Einer, der im sechsten Jnana- bhumika oder Padartha-abhavana arbeitet.
Brahmavidya: Wissenschaft von Brahman; Kenntnis von Brahman oder dem Selbst; Lernen mit Bezug auf Brahman oder die absolute Realität.
Brahmavit: Kenner von Brahman; einer, der im vierten Jnana-bhumika oder Sattvapatti ist.
Brahma-Yoga: Worin der Yogi sich selbst und das ganze Universum als Brahman erkennt.
Brahmopasana: Anbetung des Unendlichen [Brahman].
Brihadaranyaka: Einer der größten Upanishaden (und möglicherweise die älteste).
Brihat: absolut; groß.
Brihat-Brahmanda: großer Makrokosmos.
Brihattva: Weite, Größe, Absolutheit.
Bubhuksha: Hunger; Wille zu genießen.
Buddha: der Erleuchtete; voller Wissen.

Buddhi: Intellekt; Verständnis; Vernunft. Das Organ des Geistes, das für die Unterscheidung und den Urteilsvermögen verantwortlich ist.

Buddhi-sakti: intellektuelle Macht oder Kraft.

Buddhi-suddhi: Reinheit des Intellekts.

Buddhi-Tattva: Prinzip der Intelligenz.

Buddhi-vyapara: Funktionieren des Intellekts.

Buddhiyoga: Yoga des intelligenten Willens.

C

Chaitanya: Das Bewusstsein, universelle Seele oder Geist, das sich selbst kennt und andere kennt; absolutes Bewusstsein.

Chaitanyamayi: voller (All) Bewusstsein.

Chaitanya-samadhi: Höchster Bewusstseinszustand, der von absoluter Selbsterkenntnis und Erleuchtung geprägt ist und sich von Jada-samadhi unterscheidet, in dem es kein solches Bewusstsein gibt.

Chakra: wörtlich „Kreis" oder „Rad". Plexus; Zentrum der psychischen Energie im menschlichen System.

Chakrayudha: die Waffe oder der Diskus der Gottheit Vishnu oder Sri Krishna; Sudarsana.

Chakshu: Auge; das subtile Organ des Sehens; Sinn des Sehens.

Chala: beweglich, zitternd, schwankend.

Chanchala: wankelmütig; schwankende Tendenz.

Chanchalatva: Wankelmütigkeit des Geistes.

Chanchalavritti: die natürliche schwankende Tendenz des Geistes.

Chandogya Upanishade: eine der großen Upanishaden.

Chandra: Mond.

Chandraloka: die Welt (Loka) des Mondes (Chandra).

Chandranadi: Der lunare psychische Strom, der durch das linke Nasenloch fließt.

Charvaka: Materialistischer Philosoph und das nach ihm benannte System.

Chaturta: Vierter.

Chapalata: Aktivität; Verlangen; Wankelmütigkeit.

Chara: Fähig, sich zu bewegen; instabil.

Charana: Fuß; ein Viertel; Verhalten.

Charanamrita: Wasser, das von den Füßen einer Gottheit oder eines Heiligen geheiligt wird.

Charu: Eine Zubereitung aus gekochtem Reis, Milch, Zucker und Ghee und für die Götter ins Feuer gegeben wird.

Chaturvarga: Vier Ziele, Dharma, Artha, Kama und Moksha.

Chaturyuga: die vier Zeitalter des hinduistischen Weltzyklus, nämlich Krita, Treta, Dvapara und Kali.

Chatushpad: vierstufig, vierteilig etc.

Chatushtaya sampatti: Laut Adi Shankara die vierfachen Voraussetzungen bevor ein Schüler Selbstverwirklichung erreichen kann.

Cheshta: Bemühung; Anstrengung; Aktivität.

Chetana: Bewusstsein, Intelligenz.

Chetas: Unterbewusstsein.

Chidabhasa: reflektiertes Bewusstsein; die Reflexion der Intelligenz (Jiva).

Chidabhasa-chaitanya: Reflexion des Bewusstseins von Kutastha-Brahman.

Chidakasa: Brahman in seinem Aspekt als grenzenloses Wissen; grenzenlose Intelligenz.

Chidananda: Bewusstsein-Glückseligkeit.

Chinmatra: reines Bewusstsein; Bewusstsein allein.

Chinmatroham: Ich bin Chinmatra; ich bin das reine Bewusstsein allein.

Chinmaya: voller Bewusstsein.

Chinta: Gedanke, Nachdenken; Kummer; Sorge.

Chintana: Denken; Nachdenken, Rücksichtnahme.

Chiranjivi: Einer, der unsterblich geworden ist.

Chit: reiner Gedanke oder reines Bewusstsein. Das Prinzip der universellen Intelligenz oder des Bewusstseins.

Chit-dharma: die wesentliche Qualität oder Natur des Bewusstseins.

Chit-ghana: Masse des Bewusstseins.

Chitsakti: Macht des Bewusstseins.

Chitsamanya: grundlegendes universelles Bewusstsein.

Chitsunya: große Leere; immaterielles Bewusstsein.

Chitsvarupa: von der Form der reinen Intelligenz oder des Bewusstseins.

Chitta: Unterbewusstsein, Erinnerung.

Chittakasa: mentaler Äther, Raum; Verstand; alles durchdringend.

Chittaprasadana: Frieden oder Ruhe des Geistes.

Chittasuddhi: Reinigung des Geistes; Reinheit des Gewissens.

Chittavidya: Psychologie; Wissenschaft des Geistes und des Unterbewusstseins.

Chittavimukti: Freiheit von der Knechtschaft des Geistes (Denkens).

Chittavrtti: Wellen des Bewusstseins, Wellen der Reaktion, die aus den Erinnerungen (Chitta) aufsteigen; die vielfältigen Aktivitäten des Bewusstseins (Gedanken und Erinnerungen, Wünsche und Empfindungen, Wahrnehmungen und Gefühle).

Chittavrttinirodha: Kontrolle der Chittavrttis; die Eroberung aller Bewegungen des Geistes [Denkens].

Chodya: motiviert, angetrieben oder angeregt.

Crore: Zehn Millionen.

D

Dagdhavastha: Zustand der Verbrennung durch das Feuer des Wissens; Jivanmukti, in dem alle Karmas, Unwissenheit und alle Samskaras [Vasanas] verbrannt werden. Er scheint verkörpert zu sein, obwohl er nicht an den Körper gebunden ist.

Daharakasa: Wissensraum; Äther oder Raum des Herzens.

Daitya: Eine Klasse mächtiger Wesen, bei denen die teuflische Qualität vorherrscht; Dämonen der Hindu Puranas; Riese.

Daiva: Gott, der alle Wesen kontrolliert und ihnen das gibt, was ihnen zusteht; Schicksal; Bestimmung; kontrollierende Macht.

Daivavani: himmlische Stimme (tatsächlich von reinen Seelen gehört).

Daivi: wie Divya, göttlich.

Daivisampat: göttlicher Reichtum; göttliche Qualitäten.

Daksha: Experte; intelligent; weise; fähig.

Dakshina: Ein Ritual, das bei einem Opfer oder der Sammlung dieser Opfergaben gemacht wird.

Guru Dakshina ist die Bezahlung eines Schülers an seinen Lehrer nach Abschluss seines Studiums (nicht mit Geld, sondern normalerweise als Aufgabe oder einem besonderen Geschenk).

Dama: Selbstbeherrschung; Kontrolle über die Sinne; eine der sechs Qualitäten, die Teil von Shankaras Chatushtaya sampatti sind.

Dambha: Heuchelei; Stolz.

Dana: Wohltätigkeit; Spenden.

Danda: ein Stock eines Bettlers oder eines Sannyasin; eine in Indien übliche Art der körperlichen Betätigung.

Dandasakti: Zepter; der Stab der Macht; Macht durch Autokratie oder Bestrafung.

Dantadhauti: Reinigung der Zähne.

Darasutaishana: Lust auf Frau und Kinder.

Darbha: Eine Art von Gras, das für religiöse und spirituelle Zwecke heiliggehalten wird.

Darna: Kontrolle der äußeren Sinne; eine der sechsfachen Tugenden des Niyama (Raja Yoga).

Darpa: Arroganz; Stolz.

Darsana [Darshana]: Einblick; Sichtweise; Vision; System der Philosophie; Sichtbarmachen, Publikum oder Begegnung (mit einem Guru).

Dasa: Sklave; Diener.

Dasavadhana: Zehn Dinge gleichzeitig tun.

Dasya: Die Einstellung eines Anhängers, der die Beziehung eines Dieners zu Gott ausdrückt.

Dasha: Zehn.

Datta: gegeben; angenommen; geben.

Daurmanasya: Verzweiflung, schlechte Laune.

Daya: Barmherzigkeit, Mitgefühl.

Deha: Physischer Körper; Person, Individuum, äußere Form oder Aussehen (Körper).

Dehabhimana: egoistische Bindung an den Körper.

Dehadhyasa: falsche Identifikation mit dem Körper.

Dehasuddhi: Reinheit oder Reinigung des Körpers.

Dehatma-buddhi: der Intellekt, der das Selbst mit dem Körper identifiziert.

Dehatma-vada: Materialismus („Der Körper ist Atman").

Dehavidya: Physiologie.

Dehi: Einer, der einen Körper hat; das bewusste verkörperte Selbst; Jiva oder die individuelle Seele.

Desa: Ort; Raum; Land.

Desa-kala: Raum-Zeit.

Desa-kala-sambandha: Erweitert im Raum und lokalisiert in der Zeit; Raum-Zeit-Beziehung.

Desatita: jenseits des Raumes.

Deshika: Ein Führer (jemand, der mit einem Ort vertraut ist); genauer gesagt, ein spiritueller Lehrer oder Guru.

Devas [deva]: Götter; himmlisch, göttlich.

Devadatta: mitmenschliches, gebräuchliches Substantiv für „Mensch"; wörtlich „gottgegeben".

Devaloka: eine der höheren subtileren Welten; die Welt der Götter oder der Himmlischen.

Devanagari: Das in der Sanskrit-Darstellung verwendete Skript.

Devarshi: Einer, der gleichzeitig ein Gott und ein Rishi oder Seher der Wahrheit ist.

Devata: Die Gottheit, die die Verehrung der Menschen empfängt und ihnen gibt, was sie sich wünschen. Der Begriff wird auch auf den Herrn angewendet, der die Anbetung aller empfängt und ihnen gibt, was sie suchen. Er ist als der höchste Devata bekannt.

Devayajna: Einer der fünf täglichen Opferriten, die allen Haushalten vorgeschrieben sind, in denen Opfergaben für verschiedene Gottheiten dargebracht werden.

Devayana: der Weg der Götter. Einer der Wege, die eine Seele [Jiva] nach dem Verlassen des physischen Körpers eingeschlagen hat.

Dhairya: Kühnheit; Mut.

Dhana: Reichtum.

Dhanadhanyabala: Geld- und Getreidekraft; Macht des Besitzes und des Reichtums.

Dhanurasana: Bogenhaltung eines Hatha Yogis.

Dhara: kontinuierliche Wiederholung.

Dharana: Konzentration des Geistes.

Dharanasakti: die Kraft, Ideen zu erfassen und zu bewahren.

Dharanayoga: Yoga der Konzentration, vor dem Stadium von Dhyana und Samadhi.

Dharma: Tugend, Verhalten, Pflicht, Gerechtigkeit und Moral. Die bevorzugte Bedeutung der meisten traditionellen Lehrer ist jedoch „Natur, Charakter, wesentliche Qualität oder Essenz."

Dharmadasa: Sklave der Pflicht; rechtmäßiger Sklave.

Dharmameghasamadhi: Hoher Bewusstseinszustand oder Samadhi wird „Wolke der Tugend" genannt, da er Nektartropfen der Unsterblichkeit durch die Kenntnis von Brahman schüttet, wenn alle Heerscharen der Vasanas völlig zerstört werden.

Dharmaparishat: Versammlung der Weisen.

Dharmaraja: ein gerechter König oder Prinz.

Dharmi: Essenz; das, was Dharma besitzt.

Dhatu: Element; Metall; die Lebenskraft im Menschen die der Yogi durch zölibatäres Leben entwickelt.

Dhauti: Im Hatha Yoga, eine Übung zur Magenreinigung.

Dhira: unerschütterlich; mutig.

Dhivasana: Der Geist, der die feinste Stufe einnimmt und der dann in knospenartiger Form alle Eindrücke von Handlungen [Vasanas] enthält.

Dhritarashtra: Der ältere Bruder von König Pandu und der Vater von hundert Söhnen, von denen Duryodhana der älteste war.

Dhriti: (Spirituelle) Geduld und Entschlossenheit.

Dhuma: Rauch.

Dhumamarga: Der Weg des Rauchs, den der Jiva [Seele] auf seiner himmlischen Reise genommen hat; Pitriyana oder der Weg der Ahnen oder Vorfahren.

Dhvamsabhava: Nicht-Existenz eines Objekts aufgrund seiner Zerstörung nach der Erschaffung.

Dhvani: Ton; Klang; Geräusch, Widerhall, Echo.

Dhvanyatmakasabda: Ungebildeter Klang, verursacht durch das Zusammenschlagen zweier Dinge, das bedeutungslos ist.

Dhyana: Meditation; Kontemplation.

Dhyanagamya: durch Meditation erreichbar.

Dhyanika: In Bezug auf Dhyana oder Meditation.

Dhyeya: Gegenstand der Meditation oder Anbetung; Zweck der Handlung.

Dhyeyarupa: die Form zum Zweck der Meditation.
Dhyeyatyaga: Verzicht auf das Objekt in der Meditation; absolute Erfahrung oder Nirvikalpa Samadhi.
Digambara: nackt; bekleidet mit den Vierteln.
Digvijaya: Eroberung der Viertel (Welt), entweder militärisch oder kulturell.
Diksakti: Die Macht der Illusion, die das Bewusstsein des Raumes erzeugt.
Diksha: Einweihung; Weihe.
Dina: Demütig; hilflos.
Dinabandhu: Freund der Armen und Hilflosen, Gott.
Dinacharya: tägliches Verhalten; tägliche Aktivität.
Dinadayalu: barmherzig gegenüber den Hilflosen.
Dipa: Leuchte, Lampe, Licht.
Dirgha: Lang; verlängert.
Dirghasvapna: langer Traum; gewöhnlich um die unwirkliche Natur der Welt zu zeigen.
Dishtam: Unsichtbare Kraft im Karma, die den Akt (Handlung) und seine Frucht verbindet; Schicksal.
Divya: göttlich; himmlisch; heilig; leuchtend; übernatürlich.
Divyachakshu: göttliches Auge.
Divyachara: Verhalten der Göttlichen; ein tantrischer Kurs spiritueller Disziplin für die reinen und fortgeschrittenen Aspiranten.
Divyadrishti: göttliche Vision.
Divyagandha: himmlischer Duft.
Dosha: Defekt; Mangel. Verstoß, Übertretung; Schaden.
Doshadrishti: Die Vision, die Fehler wahrnimmt.
Drashta: Subjekt; Seher; Wahrsager.
Draupadi: die Frau der fünf Söhne von Pandu.
Dravata: Liquidität.
Dravya: Substanz.
Dravyadvaita: Einheit von Substanz oder Materie.
Dravyagrahana: Aneignung von Dingen.

Drg-Drsya-Viveka: „Unterscheidung zwischen dem Seher und dem Gesehenen" – ein Werk, das Adi Shankara zugeschrieben wird.

Dridha: fest; unerschüttert.

Dridhabhumi: In jedem Yoga Zustand verankert.

Dridhasamskara: fixierter geistiger Eindruck.

Dridhasushupti: Tiefschlaf.

Dridhata: Festigkeit.

Drik: Seher; Wahrsager; Vision.

Drishta: das Sichtbare; das Gesehene; das Wahrgenommene.

Drishtanta: Instanz; Illustration; Beispiel.

Drishtisrishtivada: Die Doktrin, dass die Existenz der Welt nur das Ergebnis der Wahrnehmungsfähigkeit ist, und das eigentlich nichts jenseits der Vorstellungskraft existiert. „Die Schöpfung existiert, weil wir sie sehen."

Drishyam: Objekt des Bewusstseins.

Drisya: Wahrgenommen; gesehen; die Welt; das, was durch die physischen Sinne gesehen werden kann.

Drisyaprapancha: Phänomenale Welt, die für das Auge sichtbar ist.

Droha: Verrat; Vergehen.

Duhkha: Schmerz; Elend; Trauer.

Duhkha-Bhoga: Erfahrung der Trauer.

Duhkham Aptum: schwer zu erreichen.

Duhkham avapyate: Wird nur schwer erreicht.

Duhkham dehavadbhih: mit Mühe der verkörperten Seelen.

Duhkham dehavadbhir avapyate: Wird mit Mühe der verkörperten Seelen erreicht.

Duhkhajihasa: Wunsch, Schmerz und Trauer zu vermeiden.

Duhkhavada: Erklärung der Trauer.

Duradrishti: Fernsicht.

Durga: Die Göttin, die die Energie der Gottheit Siva ist.

Duryodhana: der älteste Sohn von König Dhritarashtra und der Anführer der Kauravas.

Dushkrita: Fehler; Sünde; böse Handlung.

Dushtanigraha: Zerstörung der Bösen.

Dvadasanta: Das zwölfte Zentrum; das zwölfte Zentrum wird von einigen mit dem Hypophysenzentrum im Kopf identifiziert.

Dvaita: Dualität, Philosophie des Dualismus; Glaube, dass Gott und der Atman getrennte Einheiten sind.

Dvaita-advaita-vivarjita: Jenseits von Monismus und Dualismus.

Dvaita-bhava: Gefühl der Dualität.

Dvaitavada: Dualismus; die von Madhva vorgeschlagene Doktrin der doppelten Existenz.

Dvandva: ein Paar; Gegensätze.

Dvandva-moha: die Verblendung der Gegensätze.

Dvandvata: Zustand der Dualität.

Dvandvatita: Jenseits der Gegensätze, z. B. Hitze und Kälte, Hunger und Durst, Vergnügen und Schmerz.

Dvarakarana: eine Ursache dazwischen; Maya soll eine dazwischenliegende Ursache des Universums sein. Das, was eigentlich nicht die absolute Ursache ist, sondern nur ein scheinbarer Faktor der eigentlichen Ursache [Brahman], findet sich in der Wirkung wieder.

Dvaya: zweifache Natur; zwei Dinge; dualistisch.

Dvayam: Zwei; Paar.

Dvesha: Abstoßung; Hass; Abneigung.

Dvija: ein Begriff, der im Allgemeinen die ersten drei der vier Kasten in der hinduistischen Gesellschaft bezeichnet; zweimal geboren; ein Brahmana.

Dviparardha: die zwei Hälften im Leben der Gottheit Brahma.

Dvitiya: der Zweite.

E

Eka: eins; allein, einsam, gleich, identisch.

Ekabhavika: ungeboren; aus derselben Quelle oder Natur.

Ekadandi: Ein Sannyasi, der nur einen Mitarbeiter hat.

Ekadasi: elfter Tag des hinduistischen Mondes.

Ekadesa: den gleichen Raum besetzen.

Ekadesika: Einseitig; lokalisiert.

Ekagrata: Einpünktigkeit des Geistes; Konzentration.

Ekamevadvitiyam: Einer allein, ohne ein Zweites; Brahman.

Ekamsa: eine Portion oder ein Bruchteil.

Ekanta: Einsamkeit; Abgeschiedenheit.

Ekantabhava: Gefühl der Isolation oder Einsamkeit.

Ekantavada: Monismus.

Ekantika: endgültig oder ultimativ; das Absolute.

Ekarasa: homogen; einheitlich; eine Essenz; Brahman.

Ekarnava: Ein grenzenloses Meer, in dem das Universum bildlich beschrieben wird, um während der Auflösung zu existieren – die möglichen Ursachen der nächsten Schöpfung werden als das Wasser, Karana Sarira, als das alles durchdringende Meer beschrieben.

Ekata: Einheit; Homogenität; Absolutheit.

Ekatva: Einheit.

Ekayana: Vereinigung der Gedanken; Monotheismus.

Eko'ham bahusyam: „Möge Ich, der Eine, viele werden"; dies beschreibt die ursprüngliche Idee, die sich aus dem einen unteilbaren Wesen vor der Schöpfung manifestierte.

Esana: Wünschen; Suchen.

Eshanatrayam: Drei Arten von Wünsche, das Verlangen nach Reichtum, Sohn [Kinder] und Frau.

Eva: Gerade so, wirklich; am häufigsten verwendet, um die Bedeutung des zugehörigen Wortes zu verstärken.

Evam: Auf diese Weise; so.

G

Gada: Krankheit oder Fieber aber auch Streitkolben; eine der Waffen der Gottheit Vishnu.

Gagana: Himmel; Firmament.

Gaganam: Atmosphäre, Raum, Himmel.

Gaganaravinda: Himmelslotus; ein Begriff, der eine unwirkliche oder nicht-existierende Sache bezeichnet; die Welt.

Gamanakriya: Handlung des Gehens.

Gambhira: tief; großmütig; würdevoll; großartig; ernst.

Gambhirya: Ernst oder Tiefe des Verhaltens.

Ganapati: eine hinduistische Gottheit; ein erfolgsverleihender Aspekt Gottes.

Ganapatya: Eine hinduistische Sekte, die Gott als Ganapati verehrt; ein Mitglied dieser Sekte; die zu dieser Sekte gehört.

Gandha: Geruch; Duft.

Gandharva: halbgöttliche Wesen; ein himmlischer Musiker im Hinduismus, Engelwesen.

Gandharvanagara: Fantastische Wolkenformationen, die den Anschein von Burgen und Städte erwecken; daher jede fantasievolle Vorstellung; die Welt.

Gandhatanmatra: subtiles Prinzip oder Ur-Element des Geruchs.

Gandiva: der gefeierte Bogen von Arjuna.

Ganesha: die Gottheit des geistigen Wissens; die Kraft, die Hindernisse durch die Kraft des Wissens beseitigt.

Garbhodhaka: die ursprünglichen Gewässer.

Garhapatya: Haushalt.

Garhapatyagni: Eines der drei Ritualfeuer, die der hinduistische Hausherr bewahrt.

Garhasthya: die zweite Stufe des hinduistischen Soziallebens; das Leben des verheirateten Hausherrn.

Garima: Eine Kraft, durch die ein Yogi ungewöhnlich schwer wird; eine der acht großen Siddhis.

Garuda: ein mythischer Vogel, Oberhaupt der gefiederten Rasse, Feind der Schlangenrasse, Fahrzeug der Gottheit Visnu.

Garva: Stolz; Egoismus; Arroganz.

Gatagati: Kommen und gehen; Überfahrt nach dem Tod.

Gati: Zustand; Bewegung; Gehen.

Gaudapada: der Autor des Kommentars (Karika) über die Mandukya Upanishade. Er soll der Lehrer von Adi Shankaras Lehrer gewesen sein.

Gauna: sekundär; indirekt.

Gaunabhakti: Hingabe durch Rituale als Vorbereitung auf dem Weg der Liebe oder Bhakti.

Gaunavritti: Figurativer Sinn oder sekundärer Sinn z. B. „Er ist ein Löwe" – er ist kein Löwe, aber er ist so tapfer wie ein Löwe.

Gayatri: eines der heiligsten vedischen Mantras oder Texte der Hindus.

Gayatrividya: Meditation über Gayatri als Symbol für Brahman.

Ghana: kompakte Masse oder Substanz.

Ghanaprajna: massives und undifferenziertes Bewusstsein.

Ghatasuddhi: Reinigung des physischen Körpers.

Ghrana: Nase.

Ghrina: Mitgefühl; Mitleid; Abneigung; Verachtung.

Gita: Ein heiliges Lied oder Gedicht, bezieht sich aber eher auf philosophische oder religiöse Lehren in Versform (Gita bedeutet „gesungen"). Die bekanntesten sind die Bhagavad Gita und die Astavakra Gita.

Gocara: (wörtlich) von den Sinnen wahrnehmbar, aber auch vom Verstand abgeleitet.

Gonaya: Kuh-Träger.

Gotra: Familie; Abstammung; Berg.

Govinda: (Beschützer der Kühe) ein Beiname von Krishna.

Graha: Griff; Planet.

Grahaka: Das Subjekt; der Empfänger; das, was erfasst oder wahrnimmt; Sinnesorgan.

Grahana: Erfassen, fangen; wahrnehmen, verstehen, begreifen.

Grahya: Objekt oder Objekt der Sinne.

Grama: Dorf; Vielzahl; Sammlung.

Grantha: Bindend; Knoten – Sri Ramana Maharshi [ein großer Weiser] bezog sich auf den „Knoten" im Herzen, der „gelöst" werden muss, damit die Verwirklichung oder Selbsterkenntnis stattfinden kann.

Granthi: Krawatte oder Knoten.

Guda: Anus.

Gudakesa: (einer, der den Schlaf kontrolliert hat) ein Beiname von Arjuna.

Grihasta: Die zweite Stufe des traditionellen hinduistischen spirituellen Weges, der als Periode des Hausherrn bezeichnet wird, in der der Brahmane die Aufgaben des Hausherrn und Vaters einer Familie erfüllt.

Gudha: versteckt.

Gudhavasana: verborgenes subtiles Verlangen.

Guha: Höhle.

Guhya: Verborgen; Genitalien.

Guhyabhashana: Privatgespräch; eine der Pausen eines Brahmacharya.

Guna: Qualität aus der Natur. Nach der klassischen Samkhya Philosophie besteht die Schöpfung aus drei "Qualitäten" Sattva, Rajas und Tamas. Alles – Materie, Gedanken, Gefühle etc. setzt sich aus diesen drei Gunas zusammen, und es sind jene relativen Proportionen [der Gunas], die die Natur eines Objekts oder einer Person bestimmen.

Gunamaya: voller Qualitäten oder Attribute.

Gunasamya: ein Zustand, in dem sich die drei Gunas im Gleichgewicht befinden.

Gunasraya: von den Gunas abhängig; Übereinstimmung der Qualitäten.

Gunatita: Jenseits der Gunas; einer, der die drei Gunas überschritten hat.

Gunavada: eine Aussage über die Qualitäten.

Guni: ein Besitzer von Qualitäten.

Guru: Buchstäblich "schwer"; bezeichnet die Ältesten oder eine Person der Ehrfurcht, im Westen aber eher einen spirituellen Lehrer.

Gurukripa: Gnade oder Segen des Lehrers.

Gurumantra: Mantra, mit dem jemand von einem Guru eingeweiht wurde.

H

Hala: Pflug.

Halasana: Die Pflugstellung, wenn der Körper dem indischen Pflug nachempfunden ist.

Hamsamantra: Das Mantra „Soham" wird automatisch und unfreiwillig von einem Jiva mit jeder Einatmung und Ausatmung geäußert.

Hamsayoga: die Lehren des Herrn Hari an Brahma und die Kumaras, um einige Zweifel auszuräumen. Dies geschieht Srimad Bhagavatam.

Hana: Verzicht.

Hani: Verzicht, Beschädigung, Verlust; Unzulänglichkeit.

Hanuman: Eine mächtige Gottheit; der Sohn von Wind-Gott; großer Anhänger von Sri Rama; der berühmte Affe, der Rama in seinem Kampf gegen Ravana hilft.

Hari: Ein Wesen, das die bösen Taten, derer zerstört, die in ihm Zuflucht suchen. Ein Name des Herrn Narayana oder Krishna; „Ich bete zu"; „preise zu."

Hari Om: „Gott wird mit Om angesprochen."

Hari Om Tat Sat: „Ehre sei Dir, dieser ewigen Wahrheit"; ein sehr altes Mantra aus den Veden.

Harsha: Begeisterung; Freude.

Hasya: Heiterkeit oder Vergnügen; Spaß.

Hathayoga: Ein Yogasystem, um die Kontrolle über den physischen Körper und Prana zu erlangen; System von Asanas, Pranayama Bandhas, Mudras und Kriyas.

Hetu: Ursache; Grund.

Hetupanaya: Anwendung der Vernunft.

Hetvabhasa: falsche Schlussfolgerung oder Vernunft.

Himsa: Verletzung.

Hiranyagarbha: Brahma oder kosmische Intelligenz; die Totalität aller subtilen Körper; das höchste geschaffene Wesen, durch das das physische Universum projiziert wird. Das erste geschaffene Wesen von Saguna Brahman [Isvara] im relativen Universum.

Hiranyam Jyotih: das goldene Licht.

Hiranyarupam: Form von goldenem Licht.

Hiranyavartani: Hat einen goldenen oder strahlenden Pfad; der sich auf dem Pfad des Lichts bewegt.

Hitanadi: Der gemeinsame Name mehrerer Nerven, die aus dem Herzen führen, wodurch die einzelne Seele in den Tiefschlaf geht.

Hota [Hotri Priester]: Priester, der das Rig-Veda in einem Opfer rezitiert.

Hrasva: kurz, klein, zwergenhaft.

Hri: Bescheidenheit; Schamgefühl bei falscher Handlung.

Hrid: Herz.

Hridaya: Herz; essenzielles Zentrum.

Hridaya-dhauti: Reinigung des Herzens; Reinigung des Halses und der Brust.

Hridayagranthi: der Knoten des Herzens, daher Avidya, Kama und Karma.

Hridayaguha: die Höhle oder Kammer des Herzens.

Hridayakamala: Lotus des Herzens.

Hrishikesha: Herr der Sinne, ein Beiname von Krishna.

I

Iccha: Wunsch, Verlangen, Neigung, Wille.

Iccha-dvesa: Wünsche und Abneigungen.

Iccha-mrtyu: die Macht, den Körper endgültig ohne die gewöhnlichen Phänomene des Todes durch einen Willensakt aufzugeben.

Icchasakti: allmächtige Wunschkraft oder Willenskraft.

Ida: Der psychische Nervenstrom, der durch das linke Nasenloch fließt.

Idam: das oder hier.

Idam vritti: Gedanken an Objekte, Konzepte, Gefühle usw. im Gegensatz zu Aham vritti – der Gedanke „Ich bin."

Idamta: „Dies-Sein."

Iha: in dieser Welt; jetzt.

Indra: Der Verstand oder die Seele; der Herr der Sinne; eine hinduistische Gottheit; Oberhaupt der Himmlischen; der Herrscher des Himmels.

Indrajala: Illusion.

Indrajalikamayasadrisa: ähnlich der Illusion; unwirkliche Erscheinungen z. B. Träume.

Indriya: Der Sinn der Wahrnehmung; Sinnesorgan; dies ist entweder das physische äußere Karma-Indriya (Organ der

Handlung) oder das innere Jnana-Indriya (Organ des Wissens, der Erkenntnis oder der Wahrnehmung).

Indriyajnana: Wahrnehmung.

Indriyarthasannikarsha: Kontakt oder Anziehung der Objekte zu den entsprechenden Sinnesorganen.

Isa: Herr.

Isha Upanishade: auch bekannt als die Isavasya Upanishade, weil ihr erster Vers mit „OM Isha vasyamidam, sarvam." Ishavasya bedeutet „vom Herrn durchdrungen", beginnt.

Ishta: Erwünscht, gewünscht, geliebt. Objekt der Begierde; das auserwählte Ideal; die besondere Form Gottes, der man sich verschrieben hat; ein Ritual.

Ishtadevata: Lieblings- oder Schutzgottheit.

Ishtamantra: das Mantra der gewählten oder schützenden Gottheit.

Ishtamurti: Lieblingsform oder Gottesbild.

Ishtapurta: Opferriten (Ishta) und Wohltätigkeitshandlungen z. B. das Ausheben von öffentlichen Brunnen (Purta).

Ishtasiddhi: Erreichen des gewünschten Objektes oder Ziels; der Namen eines Buches über Vedanta.

Isvara [Ishvara] – auch Saguna Brahman oder Maya. Der Herr; Schöpfer des phänomenalen Universums; Lenker der Kraft von Maya. Die Totalität aller kausalen Körper.

Isvara-bhava: Herrschaft, das Temperament des Herrschers und Lenkers.

Isvarakoti: vom Grad Gottes.

Isvarapranidhana: Hingabe an den Herrn.

Isvaraprayatna: Gottes Wille.

Isvarapujanam: Anbetung des Herrn.

Isvara-sakti: die Kraft von Isvara.

Isvarasrishti: Das, was der Herr geschaffen hat, z. B. Elemente, etc.

Itara: der andere.

Iti: Also das hier.

Itihasa: Episch; ein Buch, das das Leben und die Abenteuer eines Helden beschreibt. Der Begriff wird für das Ramayana und die Mahabharata verwendet.

J

Jada: Insentient; nicht intelligent, träge, leblos.
Jada-jada-bheda: Unterschied zwischen verschiedenen Klassen von Materie.
Jada-samadhi: Samadhi Zustand durch die Praxis von Hatha-Yoga.
Jagadguru: Weltlehrer.
Jagat: Welt; im Wandel, Erde, die Menschheit.
Jagat-vyapara: Weltgeschäft.
Jagradavastha: Zustand des Wachbewusstseins; Bewusstsein des objektiven Universums.
Jagrat: der Wachzustand des Bewusstseins.
Jala: nicht real; ein Netz; eine Falle; eine Illusion.
Jalakasa: Äther, der zusammen mit Wolken, Sterne usw. im Wasser von einem Glas reflektiert wird.
Jalandharabandha: Eine Übung des Hatha-Yoga, bei der das Kinn gegen die Brust gedrückt wird.
Jalpa: Sprechen, Reden, Diskurs; Disputation mit „überheblicher und umstrittener Erwiderung"; Argumentieren um des Gewinnens willen, unabhängig davon, wer recht hat.
Jambunadam: Gold; gehört zum Fluss Jamboo.
Janaka: Ein König des alten Indien, der mit dem höchsten Wissen ausgestattet war.
Janaloka: eine besondere Region der sieben Welten; knapp unterhalb von Tapoloka.

Janardana: (der Zerstörer des Dämons Jana) Laut Adi Shankara, ein Beiname von Krishna, weil er für Wohlstand und Befreiung verehrt wird.

Janma: Geburt; Entstehung.

Japa: Wiederholung eines Namens Gottes; Wiederholung eines Mantra.

Japamaala: Rosenkranz (um die Anzahl der Wiederholungen zu zählen).

Japarahitadhyana: Meditation ohne Wiederholung eines Mantra.

Japasahitadhyana: Meditation mit der Wiederholung eines Mantra.

Jara: Alter.

Jarayu: Gebärmutter.

Jarayuja: lebendgebärende Tiere (aus der Plazenta).

Jata: verfilztes Haar.

Jatharagni: Magenfeuer; Verdauungsfeuer.

Jati: Art; Klasse; Schöpfung.

Jatismara: Erinnerung an die Vorfälle früherer Geburten (spontan oder durch besondere freiwillige Anstrengung).

Jatyantaraparinama: Umwandlung einer Gattung oder Art in eine andere.

Jaya: Sieg; Meisterschaft.

Jihva: Zunge oder das Organ des Geschmacks und der Sprache.

Jijnasa: Ich will es wissen.

Jijnasu: Einer, der nach Wissen strebt; spiritueller Aspirant.

Jitendriya: Einer, der die Indriyas oder die Sinne kontrolliert hat.

Jiva: individuelle Seele mit Ego Identifikation. Die Identifikation des Atman bzw. Brahman mit Körper und Geist [Denken und Intellekt]; manchmal auch als „der verkörperte Atman" bezeichnet.

Jivachaitanya: individuelles Bewusstsein.

Jivagrama: lebendige Dinge; eine Vielzahl von Jivas oder einzelnen Seelen.

Jiva-jiva-bheda: Unterschied zwischen einem Individuum und einem anderen.

Jivabhutam: „Er ist der Jiva geworden."

Jivakoti: Zur Kategorie oder Klasse der individuellen Seele gehören.

Jivanmukta: Einer, der in diesem Leben befreit wurde.

Jivanmukti: Befreit in diesem Leben, während er noch lebt.

Jivasrishti: Das, was von einem Jiva erschaffen wurde, z. B. Egoismus, etc.

Jivatma [Jivatman]: individuelle Seele.

Jivesvarabheda: Unterschied zwischen der individuellen Seele und Gott; der ursprüngliche Grundsatz der dualistischen Denkschule.

Jna: zu wissen.

Jnana: Wissen; Weisheit der Realität oder Brahman.

Jnanam: Wissen, frei von jedem Zweifel.

Jnanabhumika: Schritt oder Stufe oder Grad der Wissenserlangung.

Jnanabhyasa: Übung des Wissens; ein allgemeiner Begriff, der für die vedantische Form von Sadhana gebräuchlich ist.

Jnanachakshu: Auge der Weisheit oder Auge der Intuition.

Jnanagni: Feuer des spirituellen Wissens oder der Weisheit.

Jnanakanda: Der Abschnitt der Veden, der sich hauptsächlich mit den ewigen Wahrheiten oder der absoluten Wahrheit beschäftigt; die Upanishaden, die sich mit Brahman befassen.

Jnanakara: von der Form der Weisheit; Brahman; Weiser.

Jnanakasa: der Äther [Raum] des Wissens; Brahman.

Jnanamarga: der Weg des Wissens.

Jnanamaya: voller Wissen.

Jnananishtha: verankert in der Erkenntnis des Selbst.

Jnanasakti: Macht des Wissens; die allmächtige universelle Kraft des Wissens.

Jnanasphurti: Blitz des Wissens.

Jnanasvarupa: von der Natur oder der Verkörperung des Wissens.

Jnanatantra: Der tantrische Text, der von hohem Wissen handelt.

Jnanayajna: Die Verbreitung von Wissen; Sadhana für die Erlangung von Wissen, das als Ritual oder göttliches Opfer gedacht ist; das Opfer des Einzelnen für den Höchsten.

Jnanayoga: Der Weg des Wissens; Meditation durch Weisheit; ständiges und ernsthaftes Nachdenken über die wahre Natur des Selbst, wie es von einem Guru gelehrt wurde.

Jnanayogi: Jemand, der Jnana Yoga, den Yoga des Wissens übt.

Jnanendriya: Fünf innere Wahrnehmungsorgane: Sehen, Hören, Schmecken, Berührung, Geruch.

Jnani: Der mit wahrer Erkenntnis oder Intelligenz ausgestattet ist; ein Weiser; oft benutzt, um sich auf einen Erleuchteten zu beziehen.

Jnanodaya: Morgendämmerung des Wissens.

Jnatri: Jemand, der weiß oder versteht; manchmal auch Sakshi [Zeuge].

Jneya: was gewusst, gelernt, verstanden werden soll.

Jyeshtha: der Älteste, der Beste.

Jyeshtha: ein Stern.

Jyoti [Jyotih]: Licht; Beleuchtung; Leuchtkraft; Glanz.

Jyotih Aryam: Licht der Wahrheit.

Jyotir-agrah: Sie werden vom Licht geführt.

Jyotirbrahma: Das Licht, das Brahman ist.

Jyotirdhyana: Meditation über das höchste Licht.

Jyotirmaya: aus Licht bestehend.

Jyotirmaya Brahman: Brahman voller Licht.

Jyotirmaya deha: strahlender oder leuchtender Körper.

Jyotihsvarupa: von der Form des Lichts.

Jyotis: Licht (z. B. von der Sonne, Morgendämmerung, Blitz usw.); Feuer; Licht als göttliches Lebensprinzip, Intelligenz.
Jyotishmat: voller Licht.

K

Ka: Brahma; Visnu; Feuer; Wind; Tod; Sonne; Seele; König; Verbindung; Pfau; Vogel; Geist; Körper; Zeit; Wolken; Klang; Haar; Werte; Freude.
Kailasa: das sagenumwobene Paradies der Gottheit Siva im Himalaya; ein heiliger Berg im Himalaya.
Kaivalya: Transzendentaler Zustand absoluter Unabhängigkeit; Moksha; endgültige Seligpreisung; Loslösung der Seele von der weiteren Transmigration, die zum ewigen Glück oder zur Befreiung führt.
Kaivalya-moksha: Freiheit. Die Jnanis erhalten unmittelbar den Jivanmukti Zustand, indem sie eins mit Brahman werden, während sie leben. Endgültige Befreiung.
Kala: Zeit; Tod oder Yama.
Kalā: kleiner Teil eines Ganzen; ein Sechzehntel.
Kalachakra: Rad der Zeit.
Kalatita: Jenseits der Zeit.
Kalasakti: die Macht oder Fähigkeit in einer Kunst, d. h. Literatur, Architektur, usw.
Kalatraputraishana: Lust auf Frau und Kinder.
Kali: Böse; schwarz.
Kaliyuga: Alter von Kali; Eisenzeit; das letzte der vier Yugas; das gegenwärtige Zeitalter; das dunkle, böse Zeitalter.
Kalpa: ein Tag im Leben von Brahma, dem Schöpfer oder Schöpferaspekt. 360 Menschenjahre ergeben ein himmlisches Jahr. 12.000 Himmelsjahre machen einen Chaturyuga

Mahayuga aus. 71 solcher Mahayugas ergeben ein Manvantara.

Ein Manvantara (mit ihren Dämmerungsperioden) ergeben ein Kalpa von 4.320.000.000 Jahren. Eine Nacht von Brahma ist von gleicher Dauer. Er lebt hundert solcher Jahre, das sind 311.4 Billionen Menschenjahre.

Kalpana: Vorstellung des Geistes; Schöpfung.

Kalpanamatra: reine Fantasie; nur in der Fantasie ruhend.

Kalpanika: Das, was man sich vorstellt; falsch erschaffen.

Kalpita: erfunden oder erschaffen; geträumt.

Kalyana: glücklich; gesegnet.

Kama: Verlangen; Leidenschaft; Lust.

Kamagni: Feuer der Leidenschaft.

Kamadhenu: Die berühmte Kuh des Weisen Vasishtha, die alle Wünsche erfüllte und reichlich Milch brachte.

Kamajata: aus Lust oder Leidenschaft geboren.

Kamakanchana: Lust und Reichtum, die beiden großen Barrieren zur Selbstverwirklichung.

Kamamaya: voller Begierde und Lust.

Kamana: Sehnsucht; Vergnügungssucht; Begierde.

Kamasakti: Kraft der Lust oder Begierde.

Kamasankalpa: Gedanken geboren aus dem Verlangen.

Kampana: Schütteln oder Zittern; Verdrehen der Muskeln; Zittern im Körper oder in den Gliedmaßen.

Kamyakarma: Jede Handlung, die mit dem Wunsch nach Früchten ausgeführt wird.

Kanchuka: Begrenzung oder Einschnürung; Hülle, in der du vom Allwissen her klein geworden bist; vom Allmächtigen bist du ein kleiner Handelnder geworden.

Kanda: die Wurzel; die Quelle aller Nadis; das eiförmige Nervenzentrum unterhalb der Nabelregion.

Kandamula: Wurzeln und Knollen.

Kandarpa: der hinduistische Gott der Liebe.

Kanishthakotyadhikari: qualifizierte Person der niedrigsten Kategorie.

Kantha: Hals.

Kanthamula: der Ausgang des Nackens [Hals].

Kapaladhauti: ein Verfahren zur Entfernung von Schleim.

Kapalarandhra: Hohlraum des Schädels.

Kapata: trügerisch; gerissen.

Kapha: Schleim, einer der drei Doshas nach Ayurveda.

Kapila: Gilt als Begründer der Sankhya Philosophie.

Karali: eine Feuerflamme; die Fantastische.

Karana: Ursache; Vernunft; die nicht-manifestierte potenzielle Ursache, die zu gegebener Zeit als sichtbare Wirkung Gestalt annimmt; die materielle Ursache des Universums im Zustand während der Periode der Auflösung [Pralaya], d. h. kosmische Energie in einem potenziellen Zustand.

Karanabrahman: Die höchste und erste Manifestation des Absoluten; das Absolute bedingt durch Maya; Saguna Brahman oder Isvara.

Karana-jagat: kausale Welt.

Karana-salila: „ursprüngliches Wasser"; der potenzielle Zustand der kosmischen Energie wird bildlich als das Wasser eines alles durchdringenden Ozeans beschrieben.

Karana-sarira: Der Kausalkörper (wo das Individuum während des tiefen, traumlosen Schlafes ruht, der Intellekt, das Denken und die Sinne auf einen nicht-manifestierten potenziellen Zustand reduziert werden); dies ist die unmittelbare Hülle der Seele, bekannt als die Hülle der Glückseligkeit.

Karanatma: die kausale Seele.

Karana-vairagya: Verzweiflung verursacht durch irgendein Elend im Leben.

Karanavastha: Kausalzustand oder Zustand.

Karana-viveka: zu Beginn eine zufällige Ursache für eine leichte Unterscheidung.

Karatalabhiksha: mit Händen (Handflächen) als Bettelschale.

Karika: eine prägnante philosophische Aussage in Versen.

Karma: Aktion, Arbeit oder Handlung oder allgemein als „Gesetz" bezeichnet. Es ist von drei Arten: Sanchita (alle angesammelten Handlungen aller früheren Geburten), Prarabdha (der besondere Teil des Karmas, der für das Ausarbeiten im gegenwärtigen Leben vorgesehen ist) und Agami (das aktuelle Karma wird vom Individuum frisch ausgeführt). Es ist das Karma, das durch das Gesetz von Ursache und Wirkung den Jiva oder die individuelle Seele an das Rad von Geburt und Tod bindet. Der schöpferische Akt (identifiziert mit Opfergaben), der alle Wesen in die Existenz bringt.

Karmabandha: Knechtschaft oder Bindung verursacht durch Karma.

Karmabhumi: Land der Aktion oder Handlung; die Erde.

Karmadhyaksha: Lenker oder Herrscher der Handlungen; Gott; Seele.

Karmaja: aus Handlung oder Prarabdha geboren.

Karmakanda: Der sogenannte Teil der Handlungen innerhalb der Veden, der sich mit Riten, Opferhandlungen und Zeremonien befasst.

Karmapara: abhängig vom Karma.

Karmaphala: die Frucht der Handlungen; die Folge einer Tat in Form von Schmerz oder Vergnügen.

Karma phala tyaga: Verzicht auf die Frucht der Handlungen.

Karmasakshi: Zeuge von Taten.

Karmasaya: der Behälter oder die Masse der Handlungen; Gesamtheit der durchgeführten Handlungen.

Karmavada: Die Lehre vom Karma, dass jeder Tat, ob gut oder schlecht, unweigerlich Freude oder Schmerz als sichere Wirkung folgt.

Karmayoga: Yoga des selbstlosen Handelns; Erfüllung der eigenen Pflicht; Gleichgültigkeit gegenüber dem Körper und der Welt; Dienst am Menschen.

Karmayogi: Man geht durch die geplante spirituelle Disziplin der Handlung.

Karmendriya: Organ der Handlung: Diese sind Hände, Füße, Sprache, Generationsorgan und Ausscheidungsorgan.

Karta: „Handelnder"; das Thema des Handelns.

Kartavya: Pflicht; das, was zu tun ist oder getan werden sollte.

Kartri: Jemand der handelt; ein Handelnder.

Kartritva: Handelnder.

Kartrivada: der Anspruch, ein unabhängig Handelnder zu sein.

Karuna: Barmherzigkeit; Mitgefühl; Freundlichkeit.

Karunavishta: von Mitleid erfüllt.

Karya: Wirkung oder Ergebnis; der physische Körper, der als Karya bezeichnet wird, im Gegensatz zum Kausalkörper, Karana.

Karyabrahma: siehe Hiranyagarbha.

Karyakaranasambandha: Beziehung zwischen Ursache und Wirkung.

Karyatattvarthavit: Einer, der die Essenz des Handelns kennt.

Karyavastha: Zustand einer Wirkung.

Karyavimukti: Befreiung von der Aktivität; endgültige Befreiung.

Kashaya: Der subtile Einfluss im Geist, der durch den Genuss hervorgerufen wird und dort zurückbleibt, um zu ernten, [erfahren] und um den Geist vom Samadhi abzulenken; verborgene Eindrücke.

Kataka: eine Heilpflanze aus der Familie der Brechnussgewächse (Loganiaceae).

Katha: Geschichte oder Erzählung.

Katha Upanishade: eine der 108 oder mehr Upanishaden und eine der zehn wichtigsten.

Kaupina: der indische Lendenschurz. Wird gewöhnlich von Männern getragen.

Kavi: Seher; Dichter.

Kaya: Physischer Körper.

Kayaklesa: Abtötung und Qual des Körpers.

Kayasampat: Perfektion des Körpers, sodass er einem Reichtum oder Schatz gleichkommt.

Kayasiddhi: Perfektion des Körpers durch Yoga.

Kayavyuha: Gruppe von Körpern (geschaffen von einem Yogi, um sein Prarabdha Karma zu erschöpfen).

Kena Upanishade: eine der 108 oder mehr Upanishaden und eine Weitere der zehn wichtigsten. Kena bedeutet: Durch wen? Wodurch? Womit? Woher?

Kendra: Zentrum; Herz.

Kesava: ein Name von Krishna.

Kevala asti: reine Existenz.

Kevala astitva: der Zustand des absoluten Seins.

Kevalachaitanya: reines Bewusstsein oder Intelligenz ohne Gedanken.

Kevala: allein; unabhängig; das Absolute.

Kevalajnana: absolutes Wissen; Brahma-jnana.

Kevalakumbhaka: Plötzliche Atemnot, der weder die Einatmung noch Ausatmung vorausgeht.

Kevalanandasvarupa: von der Form der reinen Glückseligkeit; Brahman.

Keyura: ein Ornament auf dem Arm der Gottheit Vishnu.

Kha: Himmel; Äther.

Khanda: Teil oder Abschnitt, Einteilung einer Abhandlung oder Buches, mit besonderem Bezug auf die Veden.

Khechara: was sich am Himmel bewegt, das himmlische Wesen oder der Vogel.

Khecharimudra: Eine Pose aus dem Hatha-Yoga, in der eine Person in der Lage ist zu fliegen.

Khyati: Ansehen; Ruhm; Wissen, Meinung, Ansicht, Idee, Behauptung; Wahrnehmung.

Kinchana [kimchana]: etwas.

Koham [ko aham]: Wer bin ich?

Kirita: eine Krone; eine der Ornamente von Vishnu.

Kirtana: Den Namen und die Herrlichkeit Gottes singen.

Kirti: Ruhm; Ruf.

Klesa: Leid; Schmerz.

Kosa [Kosha]: Hülle; eine Hülle, die die Seele [das höchste Selbst oder Atman] umschließt; es gibt fünf solcher Hüllen: die Hülle der Glückseligkeit, des Intellekts [Vernunft], des Denkens, der Lebenskraft [Prana] und des physischen Körpers.

Koti: höchster Punkt, höchster Grad, Höhepunkt; Vorzüglichkeit; zehn Millionen.

Krama: Ordnung, Schritt, Vorangehen, Abfolge; Folge, Reihe, Serie, Ablauf.

Kramamukti: Schrittweise Befreiung, wobei man von dieser Welt in die Welt von Brahma übergeht und von dort Kaivalya erreicht.

Krama srishti: schrittweise Erstellung der Schöpfungsmythen aus den Veden.

Kratu: Opfer; Aktion.

Kri: „schaffen.“

Kripa: Barmherzigkeit; Gnade; Segen.

Krishna: Schwarz, dunkel; Gottheit Vishnu in seiner achten Inkarnation; Held der indischen Mythologie und Lehrer in der Bhagavad Gita.

Krishnadvaipayana: der berühmte Vyasa, Zusammensteller der Veden, der Mahabharata, achtzehn Puranas usw.

Krishnajina: Spezielle Art von Hirschhaut, die während der Anbetung und der Meditation verwendet wird.

Kritabuddhi: (Sehr) intelligent; rational; unterscheidend.

Kritakritya: Einer, der alle Handlungen durchgeführt hat, d. h. Jnani.

Kritanasa: Vernichtung dessen, was getan wurde; Vernichtung von Handlungen oder die Belohnung von Handlungen, die getan wurden.

Kritatma: Reine Seele, die sehr gut und aufopfernd ist.

Kriya: Handlung, Aktivität oder auch körperliche Aktivität; besondere Übungen im Hatha Yoga.

Kriyadvaita: Einheit in der Handlung oder praktisches Leben der Einheit.

Kriyajnana: Die intellektuellen Prozesse, die die Mittel sind, um Svarupajnana zu erwerben.

Kriyamana: (beleuchtet, was getan wird) die Wirkung der Handlungen des gegenwärtigen Lebens, die in der Zukunft zu erfahren sind; so wie Agami.

Kriyanivritti: Befreiung von der Handlung; Befreiung.

Kriyasakti: die Macht oder die Fähigkeit zu handeln.

Kriyayoga: Yoga der praktischen Bemühung.

Krodha: Wut, Zorn.

Kruramati: Einer mit einem grausamen Verstand oder einer grausamen Absicht.

Krurata: Grausamkeit; Erbarmungslosigkeit.

Kshama: Vergebung, Geduld, Nachsicht.

Kshanabhangura: jederzeit zerstörbar; völlig vergänglich; schwindend.

Kshanika: transitorisch; vergänglich; vorübergehend.

Kshanikatva: vorübergehend.

Kshara: Welt; vergänglich.

Kshara bhava: die Veränderungen der Natur.

Kshara Purusha: Brahman, in Form des manifestierten Universums. Besteht aus allen Jivas, die sich ändern können.

Kshatradharma: Lebens- und Verhaltenskodex der Kriegerkaste oder Krieger-Klasse.

Kshatriya: ein Mitglied der zweiten der traditionellen vier Kasten in Indien, der Krieger-Klasse.

Kshatriyavidya: Militärwissenschaft der Kriegerkaste.

Kshaya: Zerstörung.

Kshetra: Ein „Feld"; bezieht sich in der Bhagavad Gita auf den Körper-Geist-Organismus, in dem wir uns befinden. Aber auch auf das kosmische „Feld" d. h. das gesamte objektive Universum.

Kshetrajna: Das was das kshetra erkennt, also das wahre Selbst. Das Bewusstsein das Kshetra erleuchtet. Krishna lehrt, dass Kshetrajna nicht anders als Brahman ist.

Kshina: machtlos; schwach.

Kshipta: wandernder Geisteszustand.

Kshiti: Erde.

Kshudrabrahmanda: Mikrokosmos; menschlicher Körper.

Kuladharma: die jeweilige Pflicht der Familie.

Kumara: (Junge), Sohn.

Kumbhaka: Atemstillstand.

Kundalini: Die ursprüngliche kosmische Energie, die sich im Individuum befindet; sie liegt aufgewickelt sowie eine Schlange mit dreieinhalb Windungen, mit Kopf nach unten am basalen Muladharachakra.

Kunti: eine Frau von König Pandu sowie Pritha.

Kuru: ein Teil Nordindiens, der das Land um das moderne Delhi umfasst; ein Prinz dieses Landes. Der Beiname „Oberhaupt des Kurus" wird in der Bhagavad Gita Arjuna gegeben.

Kurukshetra: Das Schlachtfeld, auf dem der Mahabharata Krieg geführt wurde; das Feld des Handelns, das Feld des menschlichen Handelns.

Kusa: heiliges Gras für rituelle Zwecke.

Kutastha: Absolut unveränderlich; Brahman, der ausnahmslos in allen Geschöpfen von Brahma oder dem Schöpfer bis zu den Ameisen zu finden ist und der als das Selbst leuchtet und

Zeuge des Intellekts aller Geschöpfe ist; unveränderlich; ein anderer Name für Brahman.

Kutasthachaitanya: inneres unveränderliches Selbst oder Bewusstsein.

Kutasthanitya: ewig, ohne sich zu verändern; das unveränderlich permanente Selbst.

Kutasthasatta: felsenfestes Sein; das Selbst oder Brahman.

Kutira: Hütte oder Wohnstätte.

L

Laghava: Leichtigkeit des Körpers durch die Praxis der Meditation.

Laghima: Leichtigkeit; eine der acht großen Siddhis der Yoga Praxis.

Lajja: Scham; Schüchternheit.

Lakshana: Zeichen; Zeiger; Definition; Merkmal; Zustand; indirekt anzeigen oder ausdrücken; genaue Beschreibung.

Lakshanavritti: Das, was ein Wort anzeigt oder unterscheidet, wird als Indikation bezeichnet.

Lakshmi: Glück, Reichtum, Wohlstand; die Göttin des Glücks; Frau der Gottheit Vishnu.

Lakshya: Ziel; Konzentrationspunkt.

Lakshyartha: Indikative Bedeutung; die Lakshyartha von „Tat" ist Brahman und die von „Tvam" ist Kutastha.

Laukika: Weltlich; bezogen auf die empirischen Phänomene; weltlich, gehört zum gewöhnlichen Leben oder kommt im gewöhnlichen Leben vor.

Lauliki: die Wellenbewegung des Bauches von einer Seite zur anderen.

Laya: Auflösung; Verschmelzung.

Layachintana: Konzentration des Geistes mit dem Ziel der Auflösung [des Geistes]; diese Art der vedantischen Meditation, bei der der Geist schrittweise von gröberen zu feineren Ideen weitergeführt wird, bis er im Nicht-Manifestierten oder Brahman aufgelöst wird.

Layasthana: der Ort der Auflösung.

Layayoga: Prozess der Auflösung der individuellen Seele in die höchste Seele; ein anderer Name von Nada-Yoga oder Kundalini-Yoga.

Lesha: Spur, kleiner Teil oder Teil.

Lesha-avidya: eine Spur von Unwissenheit.

Lila: Spiel; Sport; der Kosmos wird als göttliches Spiel betrachtet. Er [Brahman] spielt alle Rollen so, dass sie ihre wahre Natur nicht kennen und glauben, sich getrennt zu fühlen.

Lilamayi: Ein Name der göttlichen Kraft, deren Schöpfung und Auflösung nur Spiel oder Sport sind.

Lilavilasa: die Pracht des göttlichen Sports.

Lina: Aufgelöst; verschmolzen; verloren.

Linga: Marke; Geschlecht; Zeichen; Symbol.

Lingadeha: der Astralkörper; der subtile Körper.

Lingasarira: Der subtile oder psychische Körper, der im Traumzustand besonders aktiv wird.

Lingatman: das subtile Selbst.

Lobha: Begehrlichkeit; Gier.

Lohita: Rot oder rot gefärbt.

Loka: Welt, Universum, Himmel.

Lokasangraha: Reichtum der Welt. Solidarität der Welt; Aufschwung der Welt.

Lokayata: Materialist; Charvaka.

Loluta: Begierde; weltlicher Genuss.

M

Mada: Stolz.

Madhava: ein Name von Krishna.

Madhukaribhiksha: Almosen, die von Tür zu Tür gesammelt werden, sowie eine Biene, die Honig von den Blumen sammelt.

Madhuparka: ein Opfer für den Herrn mit Honig, Topfen usw.

Madhura: Der emotionale Ausdruck eines Verehrers z. B. zwischen einem Liebhaber und dem Geliebten; der Verehrer sieht Gott als seinen Geliebten an.

Madhusudana: (der Schlächter des Dämons Madhu) ein Beiname von Krishna.

Madhuvidya: die Meditation über die Sonne (Honig) als Symbol für Brahman.

Madhva: Gründer der Schule der Dvaita Philosophie.

Madhyama: eine etwas grobe Form des Klangs.

Madhyamakotyadhikari: qualifizierte Person der durchschnittlichen Kategorie.

Madhyamaparimana: mittlere Größe.

Madhyamavairagya: mittlere Kategorie von Vairagya; nicht intensives Vairagya.

Mahabhuta: großes Element; Ur-Element.

Mahadbrahma: Hiranyagarbha; Sutratma; kosmische Intelligenz.

Mahakalpa: Der große Zyklus; die hundert Jahre von Brahma; danach wird das ganze Universum in den nicht-manifestierten Zustand aufgelöst.

Mahamaya: die große Maya.

Mahan: Brahma oder Hiranyagarbha; der Große.

Mahapralaya: die große Auflösung und die Vernichtung der Welt; die endgültige Zerstörung der gesamten Schöpfung am Ende eines kosmischen Zyklus.

Mahaprana: Es bedeutet „mit viel vitalem Atem", d. h. Lebensenergie [Prana].

Mahapurusha: ein großer Mensch; eine große Seele; ein Weiser; der höchste Herr.

Maharaja: Kaiser.

Maharatha: Einer, der in der Lage ist, im Alleingang zehntausend Bogenschützen zu bekämpfen.

Maharloka: die vierte von sieben aufsteigenden Weltebenen.

Maharshi: großer Weiser.

Mahat: großartig; Größe; der Intellekt bzw. kosmische Intelligenz (Buddhi) als erste Modifikation der Prakriti.

Mahatahparah: Jenseits des Großen; größer als das Große; jenseits des Intellekts.

Mahatma: große Seele; Heiliger; Weiser.

Mahattva: Größe.

Mahavakya: Vier große Aussagen der Upanishaden, die die höchsten vedantischen Wahrheiten oder die Identität zwischen der individuellen Seele und der höchsten Seele [Brahman] zum Ausdruck bringen.
Sie lauten:
> Prajnanam Brahma (Bewusstsein ist Brahman) – in der Aitareya Upanishade, Rig Veda.
> Aham Brahmasmi (Ich bin Brahman) in der Brihadaranyaka Upanishade, Yajur Veda.
> Tat Tvam Asi (Das bist du) – in der Chandogya Upanishade, Sama Veda.
> Ayam Atma Brahma (Dieses Selbst ist Brahman) in Mandukya Upanishade, Atharva Veda.

Weitere:
Brihadaranyaka Upanishade:
> Aham Eva Idam: Bin in der Tat „Dies."
> Neti-Neti: nicht das – nicht das.
> Sarvosmi: Ich bin alles.

Chandogya Upanishade:
Sarvam Khalu Idam Brahma – Alles ist Brahman.
Ekam Evadvitiyam: nur eine Essenz.

Isa (Isha) Upanishade:
Yas Tvam Sai So 'Ham Asmi: Du bist wirklich „ICH BIN."
Soham: Ich bin Er. Das bin ich.

Mundaka Upanishade:
Brahma Eva Idam Visvam: Diese ganze Welt ist Brahman.
Satyam Eva Jayati: Allein die Wahrheit siegt.
Idam Sarvam Ast: Du bist das alles.

Mahavakyanusandhana: Untersuchung der Wahrheit in den Mahavakyas.

Mahesvara: Saguna Brahman; Isvara; großer Herr; Name der Gottheit Siva.

Mahima: Ruhm; einer der acht großen Siddhis; die Macht, immense Größe anzunehmen.

Maitri: Freundlichkeit.

Makāra: Die mystische Silbe „m", der dritte Buchstabe, der Om oder die Pranava-nada beendet.

Makara: Krokodil; Hai; Seeungeheuer; Gangesdelfin.

Mālā: Rosenkranz; Perlen zum Zählen für das halblaute Aufsagen eines Gebets [Japa].

Mala: Unreinheit des Geistes; einer der drei Fehler des Geistes.

Malavasanarahita: frei von Unreinheiten und subtilen Wünschen.

Malinasattva: unreines Sattva; Unwissenheit; Avidya im Individuum.

Mama: „mein."

Mamakara: Der Gedanke „das ist mein" mit Bezug auf den Körper und die damit verbundenen Dinge z. B. Frau, Kinder, Verwandte, Freunde, Heimat, Reichtum und dergleichen.

Mamata: „Mein-Sein."

Mana: Respekt; Sinn für Selbstachtung.

Manahkalpitajagat: Die Welt, die durch den Geist [Denken] oder die Vorstellung geschaffen wird.

Manahpranasambandha: die Beziehung zwischen Geist [Denken] und Lebensenergie [Prana].

Manahsuddhi: Reinigung des Geistes [Denken].

Manana: ständiges Denken; Reflexion; Meditation über die ewigen Wahrheiten; die zweite der drei Schritte auf dem Weg des Wissens.

Mananasakti: Kraft der Reflexion und Konzentration.

Manas: die denkende Fähigkeit; das „Organ" des Denkens als Vermittler zwischen den Sinnen und dem Intellekt (Buddhi).

Manasah-manah: Geist des Geistes; der innere Herrscher, das Selbst oder Brahman.

Manasapuja: Mentale Anbetung; ein Gegenstand der rituellen Anbetung, der den Verehrer dazu zwingt, die gesamte Prozedur der Anbetung mental zu durchlaufen.

Manasika: Mental, was den Verstand betrifft.

Manasikajapa: mentale Wiederholung eines Mantra.

Manasikakriya: geistige Aktion oder Handlung.

Manasisakti: Macht des Geistes; Intelligenz; Verständnis.

Manavadharma: die wesentliche Natur des Menschen; das Vertrauen des Menschen; die Pflichten des Menschen.

Manda: Stumpf; dick.

Mandala: Kreis; Region; Kugel oder Ebene.

Mandukya Upanishade: eine der wichtigsten Upanishaden und möglicherweise die wichtigste, wenn man sie in Verbindung mit der Karika von Gaudapada studiert.

Mangala-arati: Gottesanbetung durch das Hin und Her schwenken von Licht oder einer anderen liebenswerten Persönlichkeit.

Manipura-Chakra: das dritte der Yogazentren im Bereich des Nabels.

Manisha: eigenständiges Denken, Weisheit, Intelligenz.
Manodharma: natürliche Attribute oder Eigenschaften des Geistes [Denken].
Manolaya: Eroberung des Geistes [Denken].
Manomatrajagat: Der Verstand [Denken] allein ist die Welt; die Welt besteht nur aus dem Verstand.
Manomayakosa: Eine der Hüllen des Selbst [Atman], die aus dem Verstand [Denken] besteht. Die mentale Hülle.
Manomurchakumbhaka: Anhalten des Atems, bei dem der Verstand in Bewusstlosigkeit verfällt.
Manonasa: Zerstörung des Geistes [Denken].
Manonirodha: Kontrolle oder Vernichtung des Geistes [Denken].
Manorajya: Schlösser in der Luft bauen; geistiges oder menales Königreich.
Manoratha: Sehnsucht des Geistes, mentale Sehnsucht.
Mantra: Eine Gruppe von Wörtern (oder manchmal nur eine oder mehrere heilige Silben), die traditionell eine mystische Bedeutung haben und in vielen Religionen ein echter „Name Gottes" oder ein kurzes Gebet sind.
Mantra-chaitanya: die potenzielle Kraft eines Mantra.
Mantra-sakti: Macht eines Namens des Herrn; die Kraft jedes Mantra.
Mantra-siddhi: Vollkommenheit in der Praxis des Mantrajapa; Meisterschaft über die Devata eines Mantra.
Mantravid: Jemand, der nur „über" Atman Bescheid weiß, statt Atman direkt zu erkennen.
Manu: der berühmte Gesetzgeber des alten Indiens; der Name einer mythischen Persönlichkeit.
Manvantara: Die Periode von Manus Herrschaft besteht aus 71 himmlischen Yugas.
Māra: Tod, Pestilenz; Tötung; Hindernis.
Marana: Tod.
Mardava: Sanftheit; Zartheit; Geschmeidigkeit.

Marga: Weg; Straße; Pfad, Spur.

Martanda: der Sonnengott.

Martyaloka: die Welt der Sterblichen; die Erde.

Marut [Maruts]: Eine bestimmte Klasse von Himmelskörpern; bestimme Götter des Sturms; der Windgott.

Math: ein Kloster.

Mathakasa: ein Raum durch einen Tempel, ein Haus begrenzt.

Mata: Glaube (auch Gedanke, Idee, Meinung, Gefühl, Lehre). Wird auch im Sinne einer „Philosophie" verwendet.

Mati: Gedanke; Verstand, der zu Recht auf das von den Schriften offenbarte Wissen und die Praxis gerichtet ist.

Matra: Einheit; Element oder ein Maß aller Art.

Matri-mana-mega: der Wissende, das Objekt des Wissens und wissen.

Matsarya: Eifersucht.

Matsyasana: Fischpose der Hatha Yogis; ein Mensch kann eine längere Zeit wie ein Fisch auf dem Wasser schweben.

Matsyavatara: nach der hinduistischen Mythologie die Fisch-Inkarnation Gottes.

Matsyendrasana: Diese Haltung wurde von Bhagavan Matsyendra, einem der Pioniere der Yogakultur, erfunden.

Mauna: Ruhe.

Maya: Die anfangslose trügerische Kraft von Brahman; Synonyme für Maya sind u. a. Prakriti; Avidya; Sakti; Magie; die Verschleierung und die projizierende Kraft des Universums, auch Isvara oder universelle Unwissenheit. „ma" (Messen, zu begrenzen, Form geben) und „ya", allgemein als „das" übersetzt. Die „ordnungsgemäß schöpferische Aktivität, die dem Absoluten innewohnt z. B. Feuer und seine Natur zu brennen" oder „Sonne und ihre Sonnenstrahlen." Maya existiert nicht (absolut). Sie existiert (relativ), noch beides zusammen daher ist unbeschreiblich.

Mayakara: ein Zauberer, d. h. ein Zauberer oder Magier.

Mayamohajala: Täuschung durch die Verliebtheit der Maya.

Mayasabalabrahma: ein anderer Name für Saguna Brahman oder Isvara (Brahman mit Attribute, eingehüllt und gefärbt durch Maya).

Mayavada: auch bekannt als Mithyavada; Theorie der Illusion; Lehre von der phänomenalen Natur des Universums.

Mayavi: Meister-Magier; großer Jongleur; Saguna Brahman oder Brahman.

Mayopadhi: Upadhi oder die scheinbare Begrenzung der Maya. Brahman in Verbindung mit Maya ist Isvara.

Medha: die Macht, den Einfluss der Studien zu bewahren.

Merudanda: die Wirbelsäule.

Mimamsa: eine Untersuchung der Natur einer Sache; Wissenschaft der philosophischen Logik.

Mitahara: mäßige Diät.

Mithya: falsch; unwirklich; illusorisch.

Mithyabhimana: falscher Egoismus.

Mithyachara: sündhaftes Verhalten; Heuchelei.

Mithyadrishti: Die Vision, dass diese Welt unwirklich ist.

Mithyahamkara: siehe Mithyabhimana.

Mithyajnana: falsches Wissen.

Mithyajnananimitta: Basiert auf falschem Wissen.

Mithyasambandha: falsche Beziehung.

Mithyatva: illusorische Form.

Mithyavada: phänomenale Lehre; Theorie der Illusion.

Mitra: Der Herr der Liebe und Harmonie; der Name bedeutet auch Freund.

Moha: Verblendung durch falsches Denken; falsche Identifikation und getäuschte Anhaftung; Täuschung, Verwirrung.

Moksha: Befreiung; Erleuchtung, Selbstverwirklichung, Selbsterkenntnis; die Befreiung aus dem Rad von Geburt und Tod [Samsara].

Mriduta: Sanftheit; Zärtlichkeit.

Mridya (Vairagya): milde Form der Leidenschaftslosigkeit; vage und schwach.

Mrigatrishna: eine Fata Morgana in der Wüste.

Mrisha: eitel; hohl; falsch; unwirklich.

Mrityu: Tod; Gottheit Yama.

Mrityunjaya: Eroberer des Todes; einer der Namen der Gottheit Siva.

Mudha: Verwirrt, irritiert, unsicher; dumm, töricht, einfältig, unwissend.

Mudhavastha: Einer der fünf geistigen Zustände; Zustand der Unwissenheit oder Vergesslichkeit der eigenen wahren Natur.

Mudita: Zufriedenheit; Freude.

Mudra: Eine bestimmte Klasse von Übungen im Hatha Yoga; bestimmte Positionen oder Verflechtungen der Finger.

Mugdhata: durch Verliebtheit, der Zustand der sehr verblendeten Vergesslichkeit der wahren göttlichen Natur.

Muhurtam: Ein günstiger Moment; ein Zeitraum, der 48 Minuten entspricht.

Mukhya: das Wichtigste; höchste; beste.

Mukhyaprana: höchste Prana oder Lebensenergie.

Mukhyasamanyadhikarana: Die große Aussage „Aham Brahmasmi: Ich bin Brahman" lehrt die Identität der individuellen Seele [Jiva] und des höchsten Wesens [Brahman]. Hier ist „Ich" also der Jiva oder die bezeichnete Seele, der Handelnde und der Genießer nicht eins mit Brahman, sondern es ist das Selbst, die Essenz von „Ich" das mit Brahman eins ist. So soll das „Ich" seiner fiktiven Umgebung beraubt werden, bevor es seine Identität mit Brahman, dem wichtigsten gemeinsamen Substrat, erkennt. Eine Illustration wäre: „Das, was man für eine Säule hielt, ist in Wahrheit ein Mensch." Hier bedeutet der Satz nicht, dass die Säule eins mit dem Menschen ist. Es lehrt uns, dass das Wissen [Erkenntnis] des Menschen den Begriff der Säule zerstört.

Mukhyavritti: primärer Sinn; Macht oder Sakti Wörter.

Mukta: der Befreite.

Muktapurusha: Eine Person, die von allen Arten von Knechtschaften oder Bindungen befreit ist; eine, die von Geburt und Tod befreit ist.

Mukti: Befreiung oder endgültige Befreiung.

Mula: Ursprung, Anfang; Herkunft; Wurzel; Basis.

Mula-avidya: ursprüngliche Unwissenheit. Dasselbe wie Mula-ajnana.

Mumukshu: ein Sucher nach der Befreiung. Einer, für den der Wunsch nach Erleuchtung das höchste Ziel im Leben ist.

Mumukshutva: intensive Sehnsucht nach Befreiung; der Wunsch nach Erleuchtung.

Muladhara: der unterste der sechs Yogazentren im Körper.

Muladhauti: Reinigung des Anus.

Mulajnana: Ursprüngliche Ignoranz oder Unwissenheit, die alle Möglichkeiten enthält.

Mulamantra: ursprüngliches Mantra; das mächtigste und wichtigste der Mantras jeder Gottheit.

Mulaprakriti: Avyaktam; die ursprüngliche subtile Ursache der Materie.

Mundaka Upanishade: eine Weitere der 108 oder mehr Upanishaden und auch eine der 10 wichtigsten.

Muni: Ein Weiser; ein strenger Mensch, Seher, Heiliger, Asket, Mönch, der das Schweigegelübde einhält (Mauna).

Murcha: Ohnmacht.

Murkha: Narr.

Murta: Fest geworden; verkörpert.

Murta-amurta: persönlich und unpersönlich.

Murti: Idol.

N

Nabhi: Nabel.

Nada: Mystischer Klang (des Ewigen); der ursprüngliche Klang oder die erste Schwingung, von der die ganze Schöpfung ausgegangen ist; die erste Manifestation des nicht-manifestierten Absoluten; Omkara oder Sabda Brahman; auch der mystische innere Klang oder Anahata, auf den sich der Yogi konzentriert.

Nadabindukalatita: Jenseits der Zustände Nada, Bindu und Kala laut tantrischer Auffassung; der höchste Zustand von Brahman.

Nadanusandhana: Untersuchung der Anahata-Klänge.

Nadi: Nerv; Kanal; psychischer Strom.

Nadisuddhi: Reinigung der Nadis.

Naga: Eine Ordnung von Sadhus, die nackt sind.

Naimittika: gelegentlich; speziell, nicht täglich oder dauerhaft.

Naimittika-Karma: obligatorische Riten zu besonderen Anlässen z. B. Todestage, Finsternisse, etc.

Naimittikapralaya: gelegentliche kosmische Auflösung, während Hiranyagarbhas oder Brahmas Schlaf.

Naisarga: angeboren, natürlich.

Naishkarmya: Handlungslosigkeit, Untätigkeit; Zustand jenseits von Karma.

Naishthikabrahmachari: Einer, der das Gelübde des lebenslangen Zölibats abgelegt hat und im Haus seines Lehrers wohnt.

Naivedya: essbare Opfergaben für eine Gottheit im Tempel oder Hausaltar.

Naiyayika: Anhänger der Nyaya Schule.

Nakshatravidya: die Wissenschaft der Sterne; Astronomie.

Nama: Name.

Namarupa: Name und Form; die Natur der Welt auch manchmal als Maya bezeichnet.

Namarupajagat: die Welt der Namen und Formen.

Namarupavyakarana: Entwicklung von Namen und Formen.

Namasmarana: Erinnerung an den Herrn durch Wiederholung seines Namens.

Namas: Bogen, Ehrerbietung.

Namaskara: Haltung/Mudra des Grußes, bei der die Innenhandflächen aneinanderliegen. „Verneigung vollziehe ich." – gegenüber dem Selbst [Atman] in dir d.h. nicht dem Ego.

Namaste: „Verneigung sei dir" – gegenüber dem Selbst [Atman] in dir daher nicht dem Ego.

Namrata: Demut.

Nana: Anders, verschieden.

Nanu: Eine Frage.

Nanabhava: das Gefühl von Pluralität oder Vielfalt.

Nanatva: Unterschied. Vielfalt.

Nara: Mann, Person, Mensch, Gatte, Ehemann.

Narada: Er steht für den Ausdruck der göttlichen Liebe und Erkenntnis.

Naraka: Hölle.

Narasimha: Eine mächtige Manifestation der Gottheit Vishnu in Form eines Mensch-Löwen, in dem sich der Herr inkarniert hat, um Hiranyakasipu zu töten.

Narayana: Der Herr; ein richtiger Name Gottes; die Gottheit Vishnu; ein Wesen, das alle Dinge unterstützt und das ihnen dabei hilft; der alle Dinge durchdringt; Einer, der auf dem Wasser schläft.

Nashita: Zerstört, verloren.

Nasika: Nase; das subtile Geruchsorgan, das dem äußeren Organ, der Nase, entspricht.

Nasikagra: Nasenspitze.

Nasikagradrishti: Auf die Nasenspitze schauen.

Nastika: Atheist, Ungläubiger; bezieht sich gewöhnlich auf einen, der die Autorität der Veden nicht anerkennt.

Nataraja: „König des Tanzes"; ein Titel der Gottheit Siva als der kosmische Tänzer.

Navadvarapuri: die Stadt mit neun Toren; der Körper.

Navariddhis: die neun kleinen hellseherischen Kräfte.

Navavidhabhakti: Neun Modi der Hingabe, seine Namen und Herrlichkeiten zu hören, sie zu singen.

Neti Neti: „Nicht das, nicht das." Der analytische Prozess der progressiven Negierung aller Namen und Formen, um zur ewigen Wahrheit [Brahman] zu gelangen.

Nididhyasana: tiefe Meditation; dritter Schritt im vedantischen Sadhana, nach „Hören" und „Nachdenken."

Nidra: Schlaf; entweder Traum- oder Tiefschlaf; auch ein Name von Yogamaya.

Nigamana: Fazit; das fünfte Mitglied eines Syllogismus.

Nigrahasthana: der Ort der Kontrolle und Bestrafung.

Nihsankalpa: ohne Gedanken und Vorstellung.

Nihspriha: Wunschlosigkeit.

Nihsreyas: höchste Glückseligkeit.

Nihsvasa: Ausatmen.

Nijabodharupa: Zustand der Selbsterkenntnis; Brahman; die Form des realen Wissens.

Nimesha: ein Augenzwinkern; ein Moment oder eine Minute.

Nimitta: Ursache; Instrument, instrumentelle oder effiziente Ursache.

Nimittakarana: Instrumentale Ursache, z. B. der Töpfer, der einen Topf erschafft.

Ninda: Zensur.

Nirabhimanata: Zustand des Egoismus.

Nirabhimani: Einer, der keine Abhimana hat.

Niradhara: ohne Unterstützung.

Nirajana: Beleuchten, Schwenken von Licht zur Verehrung vor einer Göttergestalt.

Nirakara: formlos.

Niralamba: ohne Unterstützung.

Niramaya: ohne Krankheit

Niranjana: makellos.

Niranjano'ham: Ich bin makellos rein.

Nirasaya: ohne Zuflucht oder Unterschlupf.

Nirasraya: ohne Unterstützung.

Niratisaya-ghanibhuta-sakti: Unendlich massive Kraft oder Potenz; verdichtete oder konzentrierte Kraft, die grenzenlos ist.

Niratisayananda: Die höchste Glückseligkeit, darüber gibt es keine andere.

Niravadhi-atitaram: konstant und üppig.

Niravarana: ohne Schleier.

Niravayava: ohne Glieder.

Nirbharata: Übermäßigkeit; Fülle.

Nirbhaya: furchtlos.

Nirbija: ohne Saatgut; ohne Samskaras [Vasanas].

Nirbijasamadhi: Nirvikalpa Samadhi, wobei die Samen der Samskaras [Vasanas] durch Jnana verbrannt werden.

Nirdvandva: Jenseits der Gegensätze wie z. B. Vergnügen und Schmerz.

Nirguna: Ohne Attribute und Eigenschaften; bezieht sich gewöhnlich auf den höchsten Brahman und bedeutet, dass es jenseits jeder Beschreibung oder Vorstellung liegt.

Nirgunabrahman: das unpersönliche, eigenschaftslose absolute Brahman. Die absolute Realität.

Nirlina: ungelöst.

Nirlipta: ungebunden.

Nirliptatva: der Zustand der Ungebundenheit.

Nirmala: ohne Verunreinigungen; rein.

Nirmama: ohne „Mein-Sein."

Nirmana: Schöpfung.

Nirmanachitta: hergestellter Geist [Denken].

Nirmanakaya: hergestellter Körper.
Nirmoha: ohne Bindung; ohne Wahnvorstellung.
Nirmukta: befreit, freigelassen.
Nirnaya: Feststellung; (in der Logik) eine Ableitung, Folgerung, Schlussfolgerung; Anwendung eines schlüssigen Arguments; Diskussion, Betrachtung.
Nirodha: Zurückhaltung; Unterdrückung; Zerstörung.
Nirodhabhumi: die Unterdrückung der Veränderung des Geistes [Denkens].
Nirodhaparinama: Änderung der Kontrolle.
Niruddha: kontrolliert.
Nirudyoga: ohne Anstrengung.
Nirukta: Etymologie der Veden.
Nirupadhika: ohne einschränkenden Zusatz, ohne Attribute oder Eigenschaften.
Nirupana: Untersuchung oder Feststellung.
Nirvana: Befreiung; endgültige Befreiung.
Nirveda: Ich bin gleichgültig gegenüber oder habe sogar eine Abscheu vor weltlichen Gegenständen.
Nirvedya: unbekannt.
Nirvichara: ohne Argumentation; ohne Logik.
Nirvicharasamadhi: Hoher Bewusstseinszustand, in dem es keine intellektuelle Untersuchung gibt.
Nirvikalpa: ohne die Veränderungen des Geistes [Denkens].
Nirvikalpasamadhi: höchster Bewusstseinszustand, in dem es keinen Verstand oder die Triade d. h. Wissender [Subjekt], das zu wissende [Objekt] und Wissen oder irgendeine Idee existiert.
Nirvikara: unveränderlich.
Nirvisesha: ohne besondere Eigenschaften.
Nirviseshachinmatra: undifferenziertes Bewusstsein allein.
Nirviseshatva: Fehlen von Unterscheidungsmerkmalen.
Nirvishaya: ohne Tätigkeit der Sinne; ohne Objekt.

Nirvitarkasamadhi: Hoher Bewusstseinszustand, in dem es keine intellektuelle Argumentation oder Logik gibt.

Nischaya: Überzeugung; Entschlossenheit.

Nischayatmaka: mit fester Überzeugung oder Entschlossenheit.

Nischayavritti: Der Vritti oder mentale Zustand, in dem Entschlossenheit herrscht.

Nisheda: Widerspruch, Verneinung, Ablehnung.

Nishiddhakarma: verbotene Handlungen laut den Veden oder den Smritis.

Nishkala: ohne Teile; ohne Flecken; makellos.

Nishkama: ohne Verlangen, willenlos, desinteressiert.

Nishkamabhava: ohne Motiv, spontanes Gefühl; die Haltung der Nicht-Erwartung der Früchte von Handlungen.

Nishkamakarma: Handeln ohne Erwartung von Früchten (der Handlungen).

Nishkampana: unerschütterlich.

Nishkriya: ohne Aktion bzw. Handlung; ohne Bewegung.

Nishkriyarupa: Frei von Handlungen; ein Merkmal des höchsten Zustands oder Brahman.

Nishtha: Standhaftigkeit; engagiert oder hingebungsvoll.

Nitya: ewig; täglich; obligatorisch; permanent.

Nityabuddhi: Idee der Stabilität; der Intellekt, der die Welt als real betrachtet.

Nityakarma: täglicher obligatorischer Ritus.

Nityamukta: ewig frei.

Nityanityavastuviveka: Unterscheidung zwischen dem Realen und dem Unwirklichen.

Nityapralaya: Auflösung des Alltagsgeschehens während des gesunden Schlafes.

Nityasarga: tägliche Schöpfung; Erwachen des Individuums am Morgen.

Nityasiddha: ewig perfekt.

Nityasuddha: ewig rein.

Nityasukha: ewiges Glück.

Nityata: Ewigkeit.

Nityatripti: ewige Zufriedenheit.

Nityayukta: ewig vereint (mit dem Absoluten).

Nivarasuka: das Ende eines Reisfeldes.

Nivritti: Verzicht; rückblickendes Leben; Rückzug aus weltlichen Aktivitäten; Aufgeben, Enthalten.

Nivrittimarga: der Weg der Entsagung oder Sannyasa; Weg der Rückkehr zu Brahman.

Nivrittirupa: von der Form des Verzichts.

Niyama: Der zweite Schritt im Raja Yoga; innere und äußere Reinigung, Einschränkung, Zufriedenheit, Studium und Anbetung Gottes, bilden Niyama.

Niyamaka: wer kontrolliert; Gott oder Isvara.

Niyamavidhi: eine einstweilige Verfügung über die Art und Weise der Ausführung von Verordnungen und Gebote der Schriften.

Nörderlicher Pfad: Devayana oder der Weg der Götter wobei der Jiva, Brahmaloka erreicht.

Nritya: Tanz. Der Tanz der Gottheit Siva.

Nriyajna: Dienst am Menschen; einer der fünf täglichen Opferriten, die allen Hausbesitzern vorgeschrieben werden; Ernährung der Gäste, der Armen, usw.

Nyagrodha: indische Feige (Baum); der Sami-Baum.

Nyasa: Entsagung; Niederlegung.

Nyaya: Logik; eine der sechs Schulen der indischen Philosophie.

O

Odanam: Reis in Milch gekocht.

Ojas: Kraft; spirituelle Energie; Vitalität; die spirituelle Kraft entwickelte sich durch die schöpferische Kraft des Zölibats.
Om: Die Pranava oder die heilige Silbe, die Brahman symbolisiert; das Mantra oder Symbol von Brahman in seinen vier Zuständen von Turiya bis zur äußeren oder materiellen Ebene; auch A – U – M. A (Wachzustand), U (Traumzustand) (M) Tiefschlaf. Turiya ist jenseits der drei Zustände.
Omkara: dasselbe wie Om.
Om Shanti Shanti Shanti: Om Friede Friede Friede!
Om Tat Sat: Eine Bezeichnung von Brahman; Om – Tat „Das" – Sat „Sein".
Osadhih: Gewächs der Erde.

P

Pada: Fuß; ein Viertel oder Position.
Padartha: Substanz; Material.
Padarthabhavana: Erkenntnis der Wahrheit; der sechste der Jnana-bhumikas oder Wissenszustände, in denen die Jnanis die innere Essenz und nicht die äußere physische Form der Objekte wahrnehmen.
Padmapada: Einer der vier Hauptschüler von Adi Shankara.
Padmasana: die Lotus-Pose; eine meditative Haltung.
Padya: Wasser, das zum Waschen der Füße gereicht wird; eine der sechzehn Arten, die Gottheit in der formalen Anbetung zu ehren.
Paksha: Thema der Diskussion, Vorschlag zu beweisen.
Pancha: Fünf.
Panchabhuta: die fünf Elemente, Erde – Wasser – Feuer – Luft – Raum [Äther].
Panchadashi: Bedeutet wörtlich „fünfzehn", weil es so viele Kapitel hat – ein Werk von Vidyaranya.

Panchagnividya: Wissenschaft der fünf Feuer; Erklärung von fünf Opfervorgänge.

Panchakosa: Fünf Hüllen der Unwissenheit, die den Atman scheinbar umgeben.

Panchakshara: Mantra der Gottheit Siva, bestehend aus fünf Buchstaben „(Om) Na-mah-si-va-ya."

Panchapadika: ein Werk von Padmapada zu Adi Shankaras Kommentar zum ersten Teil der Brahma Sutras.

Panchikarana: Das Fünffache; laut Vedanta ein besonderer Prozess, durch den die fünf Arten der elementaren Bestandteile des Universums miteinander verbunden werden, um physische Einheiten zu bilden, und die als Einheiten in der Zusammensetzung des physikalischen Universums dienen.

Panchikrita: fünffach.

Pandava: (Sohn des Pandu) wird oft verwendet, um Arjuna, den dritten Sohn von Pandu, zu bezeichnen.

Pandita: ein gelehrter Mann; ein Gelehrter; Philosoph. Jemand, der viel Theorie kennt, aber nur sehr wenig praktiziert.

Panditya: Lernen; intellektuelle Meisterschaft.

Pandu: der jüngere Bruder von König Dhritarashtra und Vater von Yudhishthira, Bhima, Arjuna, Nakula und Sahadeva.

Papa: Sünde; eine böse Tat; Böses; Fehler.

Papapurusha: das Böse personifiziert; Personifizierung des sündigen Teils eines Individuums.

Para: Jenseits, fern, entfernt, höchste; könnte als „transzendent" übersetzt werden.

Para sabda: Höchster Klang, der sich in einem undifferenzierten Zustand befindet; der erste Avyakta Klangzustand.

Parabhakti: Höchste Hingabe an Gott, wenn der Anbeter sein Ishtham überall sieht. Hier geht der Anbeter über alle Formen der rituellen Anbetung hinaus. Das führt zu Jnana.

Paradharma: die Pflicht eines anderen.

Paragati: höchster Zustand; Moksha.
Parakayapravesa: In einen anderen Körper eintreten.
Parama: das Höchste; Höchster.
Paramadhama: höchster Wohnsitz; Brahman.
Paramahamsa: die vierte oder höchste Klasse Sannyasins.
Paramakarana: die höchste Ursache aller Ursachen.
Paramananda: höchste Glückseligkeit.
Paramanandaprapti: Erlangung der höchsten Glückseligkeit.
Paramanu: ein subatomares Teilchen, wie z. B. Elektron.
Paramapada: höchster Zustand; Moksha.
Paramartha (paramarthika): Die höchste Wahrheit oder Realität im Gegensatz zur phänomenalen empirischen Welt der Erscheinungen (vyavahara oder relativ).
Paramarthadrishti: richtiges Sehen; Intuition.
Paramarthikasatta: die absolute Realität.
Paramashanti: höchster Frieden; absoluter Frieden.
Paramatma: das höchste Selbst.
Paramatman: Das höchste Selbst; laut Swami Dayananda „grenzenlos" nicht zeitlich und örtlich begrenzt und damit unveränderlich.
Paramavasyata: höchste Kontrolle über den Geist und die Sinne.
Param-Brahma: das höchste Absolute; die transzendentale Realität.
Paramesthi: der Erhabene; ein Name, der allgemein für Brahma oder Hiranyagarbha und manchmal sogar Narayana oder den höchsten Purusha bezeichnet.
Paramesvara: der höchste Herr.
Paramjyotih: höchstes Licht; Brahman.
Parampara: „Von einem zum anderen gehen"; „Guru Parampara" bezieht sich auf die Tradition des Gurus – Schüler, der Weisheiten durch die Jahrhunderte weitergibt.
Parama-nisreyas: das höchste spirituelle Ziel.
Parama-purushartha: das höchste Ziel; Moksha.

Parama-samya: gleicher Status von Brahman und Jiva.

Paraprakriti: Die höhere kosmische Energie, durch die der höchste Brahman als einzelne Seelen [Jivas] erscheint; das Bewusstsein, das jeden Körper und die gesamte Schöpfung unterstützt.

Parasamvit: höchstes Wissen oder Bewusstsein.

Parasparadhyasa: Gegenseitige Überlagerung, d. h. der Körper wird mit dem Selbst verwechselt und das Selbst wird als der Körper betrachtet.

Paratantra: abhängig von einem anderen.

Paratantrasattabhava: Möglichkeit der abhängigen Existenz.

Paratattva: Brahman; die absolute Realität.

Paratpara: die höchste Realität jenseits des Höchsten. Größer als die Große; Brahman: Brahman höher als das Höchste.

Paratpara Purusha: Der Purusha der höher als das Höchste ist, die transzendente, unendliche Persönlichkeit.

Paravairagya: Höchste Art der Leidenschaftslosigkeit; der Verstand wendet sich vollständig von weltlichen Gegenständen ab und kann unter keinen Umständen zu ihnen zurückgebracht werden.

Paravastu: höchste Essenz; Brahman.

Paravidya: höheres Wissen; direkte Erkenntnis von Brahman.

Parayana: der höchste Boden, die einzige Zuflucht.

Parichhinna: endlich; konditioniert; begrenzt.

Parigraha: Greifen; Annehmen; Abdecken.

Parinama: Transformation; Modifikation; Veränderung.

Parinamanitya: ewige Veränderung; Maya.

Parinamasrishti: Schöpfung durch Evolution und tatsächliche Veränderung laut der Sankhya Philosophie.

Parinamavada: Die Doktrin der Transformation (der Schule des qualifizierten Nicht-Dualismus von Sri Ramanuja), die besagt, dass Gott tatsächlich einen Teil seines Wesens als Universum verwandelt.

Parinamopadana: Diese materielle Ursache entwickelt sich aus sich selbst heraus; eine Wirkung, die im Wesentlichen eins ist z. B. Pradhana der Sankhya Philosophie.

Pariplava: Geschichten, die für die Rezitation in den Intervallen der Pferdeopferung vorgeschrieben sind.

Paripurna: alles voll. Vollständig gefüllt, perfekt, ganz, vollständig.

Parispanda: Vibration.

Parivara: Begleitung; Familie, Verwandtschaft.

Parivrajaka: wandernder Asket; Wandermönch oder Sannyasi.

Parivrajya: der Zustand eines wandernden Sannyasi.

Paroksha: Indirekt; entfernt, geheimnisvoll, unsichtbar, versteckt; das was mit den Augen nicht direkt wahrgenommen werden kann.

Parokshajnana: indirektes Wissen.

Paropakara: das Wohl der anderen; Dienst am anderen.

Partha: (Sohn von Pritha) ein Beiname von Arjuna.

Parvati: eine Inkarnation der göttlichen Mutter; die Gattin und Shakti der Gottheit Siva und Mutter von Ganesha.

Pasupati: Herr der einzelnen Seelen (die Pasus oder Rinder sind); ein Name des Gottheit Siva; Herr, Hüter der Tiere.

Pasvachara: Verhalten der Unmenschen; eine tantrische spirituelle Disziplin für die am wenigsten fortgeschrittenen Schüler.

Pasyanti: die Sehende. Yogis, die eine innere subtile Vision des Pashyanti Klangzustands erfahren können. Klang ist mit Farbe und Form verbunden und dementsprechend ist der Pashyanti Zustand des Klanges ein Objekt der inneren Vision. Das ist der Grund, warum es pashyanti (von der Wurzel pashyat, einer, der sieht) genannt wird.

Patala: Hölle.

Patanjali: Philosoph, Weiser, Autor der Yoga Sutras.

Pativratadharma: Die Lebensregeln einer keuschen Frau, die ihrem Mann gewidmet ist.

Pavana: Windgott.

Payasa: eine flüssige Opfergabe für die Götter, zubereitet mit gekochtem Reis, Milch, Ghee oder geschmolzener Butter und Zucker und den notwendigen Gewürzen.

Payovrata: Eine Art strenge Einhaltung, bei der man nur von Milch lebt.

Payu: Ausscheidungsorgan; Anus.

Phala: Frucht; Wirkung; wird oft im Zusammenhang mit einem Effekt verwendet, der sich zwangsläufig aus der Handlung ergibt.

Phalahara: Fruchtdiät (normalerweise von Yogis, spirituellen Aspiranten und Asketen).

Pinaka: der Bogen der Gottheit Siva.

Pindanda: die Welt des Körpers; Mikrokosmos; im Gegensatz zum Makrokosmos oder Universum (Brahmanda).

Pingala: Ein Nadi oder psychischer Nervenstrom, der im rechten Nasenloch endet.

Pippala: heilige Feige (Baum).

Pisuna: verräterisch; krumm.

Pitambara: Ein himmlisches, mit Gold verziertes Seidenkleid, das die Gottheit Vishnu oder Krishna trägt.

Pitri: der verstorbene Vorfahre.

Pitris: Vorfahren; Ahnen.

Pitriloka: die Welt der Ahnen oder Vorfahren.

Pitriyana: Der Weg der Väter oder der Vorfahren, durch den eine einzelne Seele nach dem Tod durch gute Werke in die Region des Mondes aufsteigt, um dort die Wirkung ihrer Handlungen zu erfahren. Dies wird auch „Dhumamarga" oder der Weg des Rauches genannt.

Pitrya: Was die Pitris oder die verstorbenen Vorfahren betrifft.

Pluta: länglicher Vokal mit drei Matras.

Prabhakara: Gründer einer Richtung der Purva Mimamsa Schule.

Prabhu: Herr.

Prabuddha: Erwacht; im Bewusstsein der absoluten Realität.

Pradakshina: Umkreisung; Umkreisung eines heiligen Ortes, Tempels oder einer heiligen Person.

Pradesamatra: Dies ist ein technischer Ausdruck, der speziell in der Chandogya Upanishade verwendet wird, um Isvara oder Gott, der das Selbst aller ist, zu bezeichnen. Das Wort Prādeśa bedeutet Raum.

Pradhana: Materie. Ein Sankhya Begriff für Prakriti; die Oberste; die Ursache aller Elemente; undifferenzierte Materie; laut der Sankhya Philosophie ist es die materielle Ursache, entsprechend Maya. Es unterscheidet sich jedoch von Maya: Pradhana ist real, während Maya unwirklich oder phänomenal ist; es ist unabhängig, während Maya von Brahman abhängig ist.

Pragabhava: vorläufige Nichtexistenz.

Prahara: ein Zeitraum von etwa drei Stunden.

Prahlada: „Voller Genuss", ein Sohn von Hiranyakashipu.

Prajakama: Wunsch nach Nachwuchs.

Prajapati: Stammvater; Schöpfer; eine hinduistische Gottheit; Brahma der Schöpfer; der Name, der den zehn Söhnen von Brahma gegeben wurde. Die Söhne werden als die ersten und ursprünglichen Vorfahren der menschlichen Rasse betrachtet.

Prajna: Bewusstsein, Intelligenz, Wissen. Laut Vedanta der kausale Zustand eines Individuums; Tiefschlaf.

Prajnanaghana: Masse des Bewusstseins; Brahman.

Prajnatma: das intelligente Selbst; das bewusste innere Selbst.

Prakamya: eine psychische Kraft, durch die der Yogi den Himmel berührt; Willensfreiheit; eine der acht großen Siddhis.

Prakara: Modus.

Prakarana: Gegenstand; Abschnitt; Thema oder Abhandlung.

Prakaranagrantha: Ein Buch, das in Verbindung mit einem bestimmten Teil der Schrift einen besonderen Zweck erfüllt.

Prakasa: Leuchtkraft; Licht; Helligkeit.

Prakasaka: Enthüller.

Prakasya: Objekt wird enthüllt oder beleuchtet.

Prakata: Manifestiert; offenbart.

Prakritapralaya: kosmische Auflösung am Ende von Hiranyagarbhas Lebensspanne.

Prakriti: Natur. Kausale Materie; Sakti oder Maya bestehend aus den drei Gunas (Sattva, Rajas und Tamas); Name der Pradhana [Materie] aus der Sankhya Philosophie.

Prakritilaya: Jenes was mit der Prakriti vermischt ist.

Prakriya: eine Lehrmethode; ein Kapitel (besonders das einleitende Kapitel einer Arbeit).

Prakriyagrantha: Schrift, die sich mit Kategorien eines Themas beschäftigt.

Pralaya: Vollständige Verschmelzung; Auflösung, Zerstörung, Vernichtung, wenn der Kosmos in (1) seine unsichtbare unmittelbare Ursache, die nicht-manifestierte kosmische Energie [Maya], oder (2) in die absolute Realität übergeht. Es gibt vier Arten von Auflösungen: Nitya, Naimittika, Prakrita und Atyantika.

Prama: wahres Wissen, Basis oder Fundament.

Pramada: Unachtsamkeit; Schuld.

Pramana: Mittel oder Methode zum Erwerb von Wissen. Beweis; Autorität (des Wissens).

Pramanachaitanya: Bewusstsein als Wissen; die Quelle des Wissens; Beweis.

Pramanagatasandeha: Der Zweifel an der Gültigkeit der Beweise [des Wissens].

Pramata: ein Wissender; das Ego oder der Jiva.

Pramatrichaitanya: Ein Subjekt, das das kognitive Bewusstsein erkennt, das vom inneren Organ bestimmt wird.

Prameya: Beweisobjekt (Brahman oder die absolute Realität); Untersuchungsgegenstand; Objekt des wahren Wissens.

Prameyagatasandeha: Zweifel an der Natur von Brahman, dem Objekt des wahren Wissens.

Pramiti: richtiger Begriff, richtiges Konzept, durch Pramana erworbenes Wissen.

Pramoda: Die Freude, die man durch den eigentlichen Genuss eines Objektes erfährt; der dritte Genusszustand eines Objektes, nach Priya und Moda.

Prana: Lebensenergie; Lebensatem; Lebenskraft, „Atem des Lebens", die Lebenskraft im Körper, vitaler Atem.

Pranajaya: Beherrschung der Pranas, des vitalen Atems; Eroberung der Lebenskraft.

Pranakendra: Lebenszentrum.

Pranamaya: eine der Hüllen des Selbst [Atman], bestehend aus den Pranas und den Karmendriyas.

Pranamayakosha: Die Hülle des Prana (eine der fünf Hüllen, die unsere wahre Essenz d. h. Atman umgeben).

Prananirodha: Kontrolle der Lebenskraft.

Pranapratistha: Ein tantrischer ritueller Prozess, durch den ein Bild oder Symbol Gottes visualisiert werden soll.

Pranasakti: subtile Lebenskraft.

Pranatattva: Prinzip der Lebenskraft.

Pranava: mystisches oder heiliges Symbol OM.

Pranavadhina: abhängig vom Pranava oder OM.

Pranavajapa: Wiederholung von OM.

Pranayama: Regulierung des Atems. Kontrolle der Atmung in fortgeschrittenen Yoga Techniken oder während der Meditation.

Pranidhana: Selbstaufgabe; Niederwerfung; Meditation über Isvara.

Prapancha: die sichtbare Welt; Aussehen, Vielfalt, Phänomen.

Prapanchavishaya: weltliche Objekte.

Prapatti: Ein Appell an eine fähige und willige Persönlichkeit (Gott) von einer Person (Anbeter), die eine Sache stark begehrt (Befreiung), aber hilflos ist, sie zu erreichen und dabei ihre Hilflosigkeit erfährt. Das gewünschte Objekt kann alles sein z. B. die Wiedererlangung des verlorenen Eigentums oder die Befreiung aus der Bindung.

Prapti: Eine Kraft, durch die der Yogi alles bekommt; eine der acht großen Siddhis.

Praptiprapya: Das Erreichen dessen, was erreicht werden soll.

Prarabdha (Karma): Der Teil des Sanchita Karma, der das gegenwärtige Leben bestimmt. Wörtlich „begonnen."

Prasada: Nahrung, die man Gott in seiner Anbetung widmet und danach als etwas Heiliges isst; Ruhe; Gnade.

Prasiddha: berühmt; bekannt.

Prasraya: Leichtgläubigkeit.

Prasthanatraya: Die drei maßgeblichen Säulen der spirituellen Literatur, die Upanishaden, die Brahma Sutras und die Bhagavad Gita, auf denen die gesamte Vedanta Philosophie basiert.

Prasvasa: Ausatmen.

Pratama: in erster Linie; früheste, primäre, ursprüngliche, vorherige, ehemalige.

Pratibandhaka: Hindernis. Das, was die Selbstverwirklichung behindert.

Pratibandhakabhava: Macht, die das Hindernis beseitigt, das die Verwirklichung des Selbst behindert; Abwesenheit von Hindernissen.

Pratibha: Intelligenz; Glanz des Wissens; Intuition.

Pratibhasika: illusorisch. Erscheint oder tritt im Denken auf, existiert nur im Aussehen, eine Illusion z. B. man hält irrtümlich ein eingerolltes Seil für eine Schlange. Die drei Ebenen der Realität sind (1) Pratibhasik Satya: scheinbare Realität, Schöpfung des Denkens. (2) Vyavaharik Satya:

relative Realität, Schöpfung von Isvara und (3) Parmarthik Satya: absolute Realität, absolute Existenz.

Pratibhasikasatta: Traum-Wirklichkeit; scheinbar oder so unwirklich wie ein Traum.

Pratibimba: eine Reflexion. In der Logik ist bimba das Objekt selbst, wobei das Pratibimba das Gegenstück ist, mit dem es verglichen wird.

Pratibimba-vada: Die Theorie, dass der Jiva eine Spiegelung des Atman ist, ähnlich wie die Spiegelung eines Objekts in einem Spiegel (bimba).

Pratijna: Gelübde.

Pratika: ein Bild oder Symbol Gottes zur Anbetung und geistigen Kontemplation.

Pratikopasana: Meditation, in der Brahman durch ein Symbol betrachtet wird.

Pratiksha: Erwartung.

Pratikulata: Zustand des Ungünstigen.

Pratima: eine Kopie; ein Bild (von Gott) aus Metall, Holz oder ähnlichem Material zur Anbetung oder spirituellen Betrachtung.

Pratipaksha: Gegenteil; ungünstig.

Pratipakshabhavana: Die Methode, das Gegenteil durch Vorstellung zu ersetzen; so wird z. B. die Angst überwunden, indem man sich stark in ihrem Gegenteil, dem Mut, aufhält.

Pratisamkhyanirodha: das Ende der Abhängigkeit einer Handlung des Geistes.

Pratistha: Ruf; Ruhm.

Pratiyogin: Gegner.

Pratiyoginisakti: Gegenkraft oder Kraft.

Pratyabhijna: Wissen; Erkennen oder Wiedererlangen des Bewusstseins; Erinnerung.

Pratyabhijnajnana: dasselbe wie Pratyabhijna.

Pratyagatma: inneres Selbst; Kutastha; Brahman.

Pratyahara: Abstraktion oder Rückzug der Sinne von ihren Objekten.

Pratyagatman: die individuelle Seele.

Pratyaksha: direkte Wahrnehmung; Intuition.

Pratyaksham Brahma: das manifestierte ewige Brahman.

Pratyaksha-Drsti: direkte Sicht.

Pratyakshapramana: Nachweis der direkten Wahrnehmung oder Intuition.

Pratyakshatva: Direktheit (der Verwirklichung oder göttlichen Erfahrung).

Pratyakshayogya: für die direkte Wahrnehmung geeignet.

Pratyavaya: Abnahme, Verminderung; Widerwärtigkeit, Sünde.

Pratyaya: Grundlage oder Ursache von allem; geistige Anstrengung; Glaube, feste Überzeugung, Gewissheit.

Pravaha: Überschwemmungszeit.

Pravrajin: wandernder Bettler (Sannyasi).

Pravrittimarga: der Weg des Handelns, des Lebens in der weltlichen Gesellschaft oder weltlichen Natur.

Pravritti: aktives Leben; Fortschritt; Fortgang; Neigung; Vorliebe.

Pravrittivijnana: quasi-externes Bewusstsein.

Prayaschitta: Sühne; Wiedergutmachung, Buße.

Prayaschittakarma: körperliche Wiedergutmachung; Buße.

Prayatna: Versuch; Anstrengung.

Prayojana: Ergebnis; Frucht; das endgültige Ende.

Prayopavesa: Strenger Vorsatz, bis zum Tod zu fasten.

Prema: göttliche Liebe (zu Gott). Liebe, in ihrer reinen, selbstlosen Form.

Premabhava: Gefühl der Liebe.

Premamayi Radha: Radha voller Liebe.

Prema-Samarthya: Macht der Liebe.

Prema-Yoga: Yoga der Liebe.

Prerana: Ansporn; Impuls; Drang; Aufforderung.

Preyas: das „angenehme" im Gegensatz zum „Guten";
angenehmer, erwünschter.
Pritha: eine Frau von König Pandu; wie z. B. Kunti.
Prithak: getrennt, anders.
Prithivi: Die Weite; die Erde oder die weite Welt; Land, Reich;
Erdboden; das Element Erde.
Prithivi-tattva: Prinzip des Erdelements.
Priya: Glückseligkeit; Liebe; Freundlichkeit; Vergnügen oder
Freude, wenn man ein geliebtes Objekt sieht.
Puja: Anbetung, Respekt, Ehre.
Pulaka: Schrecken.
Punarapi: Immer wieder.
Punya: Verdienst; Tugend oder „tugendhaft."
Punyamati: tugendhafte Neigung.
Punyapunya: Tugend und Laster; Verdienst und Fehler.
Puraka: Inspiration.
Puranas: Der Name einer Literaturkategorie, deren Texte zu
den klassischen heiligen Schriften der Smritis zählen.
Purascharana: Eine Beobachtung, die aus der Wiederholung
eines Mantra besteht und anhand der Anzahl der Silben
(Buchstaben) gemessen wird. Dies geschieht mit strengen
Regeln bezüglich Diät, Anzahl der Japas pro Tag, Sitz usw.
Purna: voll; vollständig; unendlich; absolut; Brahman.
Purnayogi: ein vollkommener Yogi.
Purnoham: Ich bin voll, das Absolute, das Unendliche; Ich bin
Brahman.
Purta: vollständig; genährt, geschützt; bewachen;
Gewährung, Lohn, Belohnung, Verdienst; ein verdienstvolles
Werk.
Purusha: Das höchste Wesen; ein Wesen, das in der Stadt
(des Herzens aller Wesen) liegt. Der Begriff wird auf den
Herrn angewendet. Die Beschreibung bezieht sich auf das
Selbst [Atman], dass im Herzen aller Dinge ist. Um Bhagavan
oder den Herrn vom Jivatma zu unterscheiden, wird er als

Parama (höchster) Purusha oder Purushottama (der beste der Purushas) bezeichnet.

Purushartha: menschliche Anstrengung; individuelle Anstrengung; gerechte Anstrengung; Dharma, Artha, Kama und Moksha; Ideal des Menschen.

Purushottama: die höchste Person; der Herr des Universums.

Purva: ehemalig, vorhergehend.

Purva Mimamsa: Das philosophische System, basierend auf den ersten Teil der Veden und Jaimini zugeschrieben wird. Hauptsächlich geht es darum, die Natur des Dharma oder des richtigen Handelns zu erforschen mit Bezug auf Opfergaben und anderen religiösen Zeremonien.

Purvapaksha: der Einwand in einer Debatte.

Pushan: der Sonnengott.

Pushti: Ernährung.

Putreshti: ein Opferritual mit dem Ziel, einen Sohn zu bekommen.

R

Rachana: Schöpfung; Konstruktion.

Radha: Die Verkörperung der absoluten Liebe zum Göttlichen (das Wort bedeutet Anbetung aber auch Freude).

Radhas: Reichtum; Leistung; Wirkung.

Raga: Blinde Liebe; Anziehung; Bindung, die die Seele [Jiva] an das empirische Universum bindet; jedes Gefühl und jede Leidenschaft, vor allem aber vehementes Verlangen.

Raga-dvesha: Anziehung und Ablehnung; Liebe und Hass.

Raga-ragini: melodische Strukturen in der Musik.

Rahasyam: Geheimnis.

Rahita: verlassen von, getrennt oder frei von, beraubt.

Raja: König.

Rajarajesvari: Der Name einer hohen Inkarnation der Sakti, die die höchste, göttliche, kosmische Kraft repräsentiert.

Rajarshi: Einer, der ein König und auch ein Seher der spirituellen Wahrheiten ist.

Rajas: Einer der drei Qualitäten [Gunas] oder Bestandteile der kosmischen Energie; das Prinzip der Dynamik, das in der Natur alle Veränderungen bewirkt; dadurch wird die relative Erscheinung des Absoluten als Universum geschützt; diese Eigenschaft erzeugt Leidenschaft und Unruhe. Verbunden mit Aktivität, Emotionen, Lust, Egoismus und Leidenschaft.

Rajasa-ahamkara: der Egoismus geboren aus Leidenschaft und Aktivität.

Rajasika: leidenschaftlich; aktiv; unruhig.

Rajasuya: Ein Opfer, das von einem Monarchen als Zeichen seiner Souveränität über andere Könige durchgeführt wird.

Rajayoga: ein System des Yoga oder das königliche Yoga der Meditation.

Raju: ein Seil.

Rajjusarpanyaya: Die Analogie von Seil und Schlange erklärt die Erscheinung der Welt in Brahman.

Rakshasa: riesige Macht der Dunkelheit, ein Wesen der mittleren Lebensebene.

Rakshasi Maya: Illusion der Mächte der Finsternis.

Rakta: Blut; rot; von Liebe betroffen.

Rama: Eine Gottheit im Hinduismus. Er gilt als die siebente Inkarnation der Gottheit Vishnu. Er inkarnierte in dieser Welt, um Rechtschaffenheit und Gerechtigkeit wiederherzustellen. Rama wird oft auf Abbildungen oder Murti (Statuen) mit seiner Frau Sita und seinem Diener und Verehrer dem Affengott Hanuman dargestellt. In seinen Händen trägt er Pfeil und Bogen, die symbolisieren, dass er bereit ist, die Dämonen (menschlich schlechte Eigenschaften), die das Böse in der Welt aufrechterhalten wollen, zu töten.

Ramayana: Die Lebensgeschichte von Rama, einem gefeierten Epos von Valmiki, dessen zentrales Ereignis die Entführung von Ramas Frau Sita durch Ravana, dem König der Rakshasas und ihre anschließende Genesung durch Rama und seine Verbündeten ist.

Ramanuja: Gründer der Philosophie der Vishishtadvaita Schule.

Rasa: Essenz (des Genusses); Wasser; Quecksilber; Geschmack.

Rasakrida: Transzendentaler Sport, den Krishna mit den Gopis von Brindavana spielte.

Rasana: Zunge; das Organ des Geschmacks.

Rasasvada: Die Glückseligkeit von Savikalpa Samadhi; dies ist ein Hindernis für die höhere Erkenntnis, da es den Meditierenden davon abhält, Nirvikalpa Samadhi oder Asamprajnata Samadhi zu erreichen.

Rasatanmatra: die subtile Essenz des Geschmackssinns.

Ratipriti: intensive Bindung und Liebe; Freude aus körperlicher Liebe.

Ratna: Edelstein; Juwel; der Beste.

Rechaka: Ausatmen.

Retas: Samen; männlicher Samen.

Riddhi: Höchster sinnlicher Genuss; Reichtum; neun Sorten von außergewöhnlicher Erhabenheit und Größe, die ein Yogi erhält. Sie sind ähnlich der übernatürlichen Kräfte oder Siddhis; Riddhis wie Siddhis sind große Hindernisse im Yoga.

Rik: Mantren oder Verse des Rig Veda.

Rina: Verpflichtung, Pflicht, Schuld; geschuldetes Geld.

Rishi: Weiser; Seher der Wahrheit.

Rishiyajna: Studium der Schriften, um die Wahrheit der Seher zu erkennen; einer der fünf Opferriten, die allen Haushalten zur täglichen Ausführung aufgetragen wurden; auch bekannt als Brahmayajna.

Rita: Wahr oder richtig; echt.

Ritam: Die Wahrheit des göttlichen Seins; Wahrheit; Wahrheitsbewusstsein.

Ritambharaprajna: Bewusstsein voller Wahrheit (laut dem Raja Yoga von Patanjali).

Ritvik: Priester, der ein Opfer darbringt.

Rochaka: Erzeugt Vergnügen.

Romancha: Begeisterung oder Nervenkitzel mit Schrecken.

Ruchi: Geschmack; Appetit; Sympathie; Verlangen.

Rudra: Heulend, brüllend, brausend; ein vedischer Sturmgott, der später mit Siva identifiziert wurde. Ein Mitglied der göttlichen Triade [Trimurti], Ausdruck des zerstörerischen Prozesses im Kosmos.

Rudraksha: Wörtlich „Auge der Gottheit Siva"; auch eine Art von Beeren, deren Samen von einigen religiösen Sekten der Hindus als Rosenkranz, um ihren Hals, Kopf, Arme usw. getragen werden. Aus Rudraksha werden auch spezielle Japa Malas, also Gebetsketten gemacht.

Rupa [Rupam]: Form, äußere Erscheinung, Aussehen.

Rupabheda: Unterscheidung von Formen.

Rupasakti: Die Kraft, die Formen erschafft.

Rupaskandha: eine Gruppe von Empfindungen einer Form.

Rupatanmatra: subtiles Prinzip von Farbe und Form.

S

Sa: sie.

Sabda: ein Klang; Wort; Veden; Omkara.

Sabdabheda: Unterschied im Wort (Name).

Sabdabrahma: das Wort; der mündliche Ausdruck Gottes [Brahman].

Sabdantara: Unterschied von Wörtern oder Begriffen; ein anderes Wort.

Sabdapramana: schriftlicher Beweis.
Sabdatanmatra: subtiles Klangprinzip.
Sabha: Versammlung.
Sachetana: vom Bewusstsein besessen.
Sada: immer, kontinuierlich, ewig.
Sadachara: richtiges Verhalten.
Sadaikarasa: ewig homogene Essenz.
Sadajagrat: immer wachsam.
Sadbhashana: richtige Rede.
Sadguna: gute oder tugendhafte Qualität.
Sadguru: Der ultimative Guru – das Eigene wahre Selbst (sat = wahr, real).
Sadhaka: (Spiritueller) Aspirant, Sucher, spirituelle Person.
Sadhana: Selbstbemühung; Werkzeug; Umsetzung; spirituelle Praxis. Bezieht sich auf die spirituellen Disziplinen, die als Teil zur Selbstverwirklichung dienen.
Sadhanachatushtaya: die vier Arten von spirituellen Disziplinen – Unterscheidung, Leidenschaftslosigkeit, sechsfache Tugenden und der Wunsch nach Befreiung.
Sadharana: gewöhnlich.
Sadharana-karana: gemeinsame Sache.
Sadharma: mit der gleichen Natur oder Eigenschaften; gemeinsame Merkmale.
Sadhu: ein weiser, heiliger, frommer Mensch; ein Sannyasi.
Sadi: Mit Anfang.
Sadrisaparinama: Homogene Veränderung; Veränderung der eigenen Gegebenheiten; eine Veränderung, die sich nicht vom Original unterscheidet, z. B. Gold von einem goldenen Ohrring.
Sadrisyata: Ähnlichkeit.
Sadvichara: richtige Untersuchung; Untersuchung der Wahrheit.
Sadyomukti: sofortige Befreiung.

Saguna: mit Eigenschaften. Der Begriff bezeichnet Brahman als den Schöpfer oder Isvara [Saguna Brahman], der den spirituellen Aspekt der Welt der Erscheinungen symbolisiert.

Sagunabrahman: Isvara oder Brahman in Verbindung mit Maya. Das höchste Absolute, das mit Eigenschaften wie Barmherzigkeit, Allmacht, Allwissenheit usw. ausgestattet ist und sich vom undifferenzierten Absoluten unterscheidet. Der persönliche Gott.

Sah: er.

Saha: zusammen.

Sahaja: natürlich.

Sahajam karma: geboren mit natürlichen Fähigkeiten, um Handlungen auszuführen.

Sahaja-kumbhaka: natürliche Erhaltung der Atmung.

Sahajananda: natürlicher Zustand der Glückseligkeit.

Sahaja Samadhi: natürlich und dauerhafter Samadhi.

Sahaja-nirvikalpa-samadhi: der natürliche nicht-dualer Zustand des absoluten Bewusstseins.

Sahajanishtha: Natürliche und normale Verankerung; Verweilen in der eigenen wahren Natur von Satchidananda.

Sahajavastha: Höchster Bewusstseinszustand, der natürlich und kontinuierlich geworden ist.

Sahakarimatra: nur ein helfender Faktor [Maya ist Sahakarimatra von Brahmas Weltprojektion].

Saham: „Sie bin ich" (ein Mantra von Saktas).

Sahasrara: Eine Region an der Spitze des Kopfes in Form eines tausendblättrigen Lotus, wo sich die Kundalini Sakti mit der Gottheit Siva vereint.

Sahastita: Koexistenz.

Sahāya: Freunde, Gehilfe.

Sahija Samadhi: Savikalpa Samadhi, wobei der Samen der Vasanas nicht zerstört wird.

Saiva: Jemand, der die Gottheit Siva für den höchsten Herrn hält.

Sajati: Gehört derselben Kaste oder demselben Stamm an; ähnlich oder homogen.

Sajatiyabheda: Der Unterschied, durch den ein Individuum einer Spezies von einem anderen unterschieden wird, z. B. der Unterschied zwischen zwei Menschen.

Sakala: mit Teilen.

Sakamabhakti: Hingabe mit der Erwartung von Belohnungen [Früchte] und selbstsüchtigen Motiven.

Sakamabhava: Verhalten oder Gefühl wobei die Begierde als Triebkraft gilt.

Sakara: Eine Form besitzen oder mit einer Form (im Gegensatz zu Nirakara).

Sacha: Abteilung; Zweig.

Sakhya: Die Haltung eines Gläubigen, der die Beziehung eines Freundes zu Gott ausdrückt; Beispiele sind Arjuna, Uddhava und die Kuhhirten von Brindavana.

Sakshatkara: direkte Umsetzung; Erfahrung der Absolutheit.

Sakshi: Prinzip des Zeugen; Seher; Kutastha, der passiv die Handlungen des Körpers und der Sinne beobachtet; Zeuge.

Sakshi-bhava: das Verhalten als Zeuge.

Sakshi-chaitanya: Zeuge von Intelligenz oder Bewusstsein.

Sakshi-chetana: Zeuge der Seele; siehe Sakshi-chaitanya.

Sakshi-drashta: Zeuge des Subjekts; Zeuge des Sehers.

Sakta: Einer, der die göttliche Mutter Sakti als die höchste Gottheit anbetet.

Sakti: Kraft; Energie; Potenz oder Maya; die göttliche Kraft der Schöpfung; der scheinbar dynamische Aspekt des ewigen Seins; die absolute Kraft oder kosmische Energie z. B. Feuer und seine brennende Kraft.

Saktipata: Abstieg der Macht (durch Upasana).

Sakti-sanchara: Übertragung der Kraft des Schülers durch den Guru.

Salabhasana: Heuschreckenpose der Hatha Yogis; Salabha bedeutet Heuschrecke.

Salokya: sich auf derselben Ebene oder auf der Welt als Gott befinden.

Sama: gleich, Ruhe; Kontrolle des Verstandes; Ruhe des Verstandes; gleichgültig; unparteiisch.

Samabhavana: Gefühl der Gleichheit.

Samadhana: Kontemplation, tiefe Meditation. Richtige Konzentration.

Samadhi: Hoher Bewusstseinszustand, in dem das Absolute mit Allwissenheit und Freude erlebt wird; Ein-Sein; hier wird der Intellekt mit dem Objekt der Meditation identifiziert; der Meditierende und das Objekt der Meditation, Denker und der Gedanke werden in vollkommener Versunkenheit des Intellekts eins; der Zustand des totalen Friedens und der Stille. Es gibt mehrere Stufen von Samadhi – Vikalpa Samadhi, Savikalpa Samadhi, Nirvikalpa Samadhi und Sahaja Samadhi.

Samadrishti: gleiche Sicht.

Samana: Einer der fünf Pranas oder Lebensenergien des menschlichen Körpers, der die Funktion der Verdauung übernimmt.

Samanadhikarana: Koordination; die Beziehung des Verweilens im gemeinsamen Substrat Brahman; der Raum im Topf und der Raum in der Wolke haben ein gemeinsames Substrat, den universellen Raum, die sich nur durch die begrenzenden Zusätze (Upadhis) unterscheiden.

Sainanvaya: Vereinigung; das Einverständnis aller Upanishaden, die höchste Realität zu beweisen.

Samanya: gewöhnlich; mit gemeinsamen Eigenschaften oder gemeinsamer Natur.

Samanyaguna: allgemeine Qualität; gemeinsame Natur oder Eigenschaft.

Samanyavastha: undifferenzierter Zustand; nicht-manifestierter Zustand.

Samanyavijnana: reines Bewusstsein; homogene Intelligenz; Kutastha; Brahman.

Samarasattva: Ein Begriff, der sich gewöhnlich auf die sexuelle Vereinigung bezieht, aber symbolisch zur Vereinigung der Kundalini Shakti mit der Gottheit Siva im Kopf interpretiert wird; Verschmelzung von „Werden" zu „Sein."

Samashti: Totalität; ein integriertes Ganzes der gleichen Klasse, z. B. Samashti-buddhi (kosmische Intelligenz).

Samata: ausgeglichener mentaler Zustand.

Samatva: Gleichmut (unter allen Bedingungen); Gelassenheit im Verhalten d. h. keine Unterscheidung zwischen Freund und Feind, Vergnügen und Schmerz, usw.

Samavaya: Kombination; Vereinigung; Konjunktion; ständige und untrennbare Verbindung oder Inhärenz; Existenz einer Sache in einer anderen.

Samavayakarana: begleitende Ursache.

Sambandha: Beziehung; Verbindung.

Sambhavimudra: Der leere, äußere Blick eines Hatha Yogi, bei dem der Geist nach innen gerichtet ist; der Yogi scheint auf äußere Objekte zu schauen, nimmt sie aber nicht wahr, da sein Geist bzw. Intellekt nach innen gerichtet ist.

Sambhuti: Geburt; Herkunft.

Samhara: Zerstörung.

Samhita: Sammlung; einer der beiden primären Abschnitte der Veden, die Hymnen und heilige Formeln enthalten. Der andere Abschnitt sind die Brahmanen.

Samipya: Bei Gott zu sein.

Samit: Brennstoff für ein Ritual.

Samitpani: (wörtlich) Brennstoff in den Händen halten, d. h. auf alles Verlangen verzichten und sich der Gottheit nähern, um ein Opfer zu bringen.

Samjnana: Bewusstsein; Intelligenz.

Samkhya: Eine der drei Hauptrichtungen der hinduistischen Philosophie und eine der sechs Darshanas; wird dem Weisen Kapila zugeschrieben.

Sampat: Perfektion; Reichtum; Tugend.

Sampatti: siehe Sampat.

Sampradaya: Die Tradition oder etablierte Lehre, die von einem Meister zum Schüler weitergegeben wird.

Samprajnata-samadhi: hoher Bewusstseinszustand bestehend aus dem Meditierenden [Subjekt], dem Objekt der Meditation und meditieren.

Savikalpa-samadhi: Samadhi mit Dualität, mit Unterscheidung; hoher Bewusstseinszustand ohne vollkommene Erkenntnis.

Samprasada: Frieden; Gelassenheit; Ruhe.

Samprayoga: Kontakt der Sinne mit den Objekten.

Samsara: Leben durch wiederholte Geburten und Todesfälle; der Prozess des weltlichen Lebens; der kontinuierliche Zyklus von Tod und Wiedergeburt eines Jivas in der phänomenalen Welt bis er erleuchtet [Selbsterkenntnis] wird und daraus entkommt.

Samsarachakra: das Rad von Geburt und Tod.

Samsari: die wandernde Seele.

Samsaya: Zweifel; Verdacht.

Samsaya-bhavana: Gefühl des Zweifels oder des Misstrauens.

Samslesha: gegenseitige Umarmung; innige Verbindung.

Samskara: Vasanas oder mentale Eindrücke. Eine Handlung mit dem Wunsch nach einem bestimmten Ergebnis (ob für sich selbst oder andere) erzeugt ein neues Samskara [vasana] daher einen neuen mentalen Eindruck.

Samskara-skandha: die Gruppe der alten mentalen Eindrücke.

Samvara: eine buddhistische religiöse Beobachtung; Zurückhaltung.

Samvit: Wissen; Bewusstsein; Intelligenz.

Samvriti: relative Wahrheit; Bedeckung; Verheimlichung; Unterdrückung.

Samyagdarsana: richtige Wahrnehmung; gleiches Sehen; höchste Erkenntnis; vollkommenes Wissen.

Samyama: perfekte Zurückhaltung; ein vollkommener Zustand von Gleichgewicht und Ruhe, Konzentration, Meditation und Samadhi.

Samyavastha: Zustand des Gleichgewichts; Harmonie der drei Gunas; der Zustand des nicht-manifestierten Wesens.

Samyoga-sambandha: Beziehung durch Kontakt, z. B. der Stock und die Trommel.

Samyukta: vereint; kombiniert.

Sananda: mit Glückseligkeit (eine Art Samadhi).

Sanatana: ewig; dauerhaft.

Sanatana-dharma: ewige Religion. Bezieht sich auf die wahre Natur der Seele [Jiva].

Sancharana: Bewegung.

Sanchitakarma: Die Summe aller Handlungen eines Jiva während unzähliger vorangegangener Geburten, von denen ein Teil für jede neue Geburt zugeteilt wird [siehe Prarabdha Karma].

Sandhyavandana: Eine religiöse Waschung und ein Gebet unter den zweimal Geborenen der Hindus fand morgens, mittags und abends statt.

Sandilya-vidya: die Meditation über Brahman als die strahlende, innewohnende Seele in seinem alles durchdringenden Aspekt.

Sanga: Anhang; Versammlung.

Sanga-Tyaga: Verzicht auf eine Versammlung.

Sangraha: Sammlung.

Sangraha-buddhi: Der Intellekt, der ansammeln und besitzen will.

Sanjaya: Der Erzähler, der dem blinden König Dhritarashtra den Verlauf der Schlacht von Kurukshetra erzählte.

Sankalpa: Gedanke, Idee oder Begriff; Wille.

Sankalpamatra: Reiner Gedanke; existiert nur in Gedanken.

Sankalparahita: ohne Gedanken, ohne Idee.

Sankalpasunya: ohne nachzudenken.

Sankalpavikalpa: Gedanken und Zweifel.

Sankaracarya: einer der größten Philosophen, geboren c.a. 7. Jahrhundert n. Chr. Er war der Schüler von Govinda Bhagavatpada, dessen Lehrer Gaudapada war [paramaguru].

Sankhya: ein von Kapila vorgeschlagenes System der Philosophie.

Sankocha: Kontraktion; Involution; Zögern.

Sanmatra: Reine Existenz; reines Sein; nur das, was ist; „Ist-Sein."

Sannyasa: Verzicht auf soziale Bindungen; die letzte Phase des hinduistischen Lebens, die Phase der spirituellen Meditation.

Sannyasi (oder Sannyasin): Ein Mönch; einer, der das Leben der völligen Entsagung angenommen hat; jemand, der zur vierten oder höchsten Stufe des Lebens Sannyasa gehört.

Santirupa: von der Form des Friedens.

Santosha: Zufriedenheit, Freude, Glück.

Sa pasyati: Er kennt.

Sapta: Sieben.

Saptarishi: in der indischen Mythologie eine Gruppe von sieben Rishis („Weise") z. B. Vasishtha. Sie haben aufgrund ihrer Yoga-Macht und ihrer Selbstbeherrschung einen halb-unsterblichen Status erreicht, d. h. eine äußerst lange Lebensspanne.

Sara: Kompendium, Zusammenfassung, Inbegriff (wie z. B. Upadesha Sara – Zusammenfassung der Lehre von Sri Ramana Maharshi).

Sarana: Zuflucht.

Saranagati: Selbstaufgabe; Zuflucht finden.

Saranagati-Yoga: Yoga der Selbstaufgabe; Bhakti Yoga.

Sarira: Körper.

Sarpa: Schlange.

Sarpadevajanavidya: die Wissenschaft der Schlangenbeschwörung und der Feuerkünste.

Sarupya: Sie haben die gleiche Form wie Gott.

Sarva: alles.

Sarvabhokta: Alles-Genießer; ein Beiname des höchsten Herrn.

Sarvabhuta: Sein alle Wesen; der Schöpfer oder die Ursache aller Dinge; der höchste durchdringende Geist.

Sarvabhutantaratma: das innere Selbst aller Wesen.

Sarvabhutesu: in allen Existenzen.

Sarvadesika: für alle Orte; überall präsent.

Sarvadharman: alle Dharmas.

Sarvadharman Parityajya: „Er hat alle Dharmas verlassen."

Sarva-duhkha-nivritti: Entfernung aller Schmerzen.

Sarvagata: in allen Dingen präsent; allgegenwärtig.

Sarvagatamakalam: alles durchdringend, bewegungslos.

Sarvagatam brahma: der alles durchdringende Brahman.

Sarva-himsa-vinirmukha: gegen Verletzungen aller Art.

Sarvajna: allwissend, der alles Wissende (von Isvara).

Sarva-kalyana: allesamt verheißungsvolle Eigenschaften.

Sarva-karana: die Ursache von allem; Kausalität der Schöpfung, Bewahrung und Zerstörung.

Sarva-karana-karana: die Ursache aller anderen Ursachen.

Sarva-karta: Alleskönner; Macher von allem.

Sarvam: alles.

Sarvaniyantratma: Die innere Seele, die alles kontrolliert.

Sarvantaryami: der innere Herrscher über alles.

Sarvapindavyapi: Wer alle Körper und auch den ganzen Körper durchdringt.

Sarva-prani-hite-ratah: immer frohlockend über das Wohl aller Wesen.

Sarva-sakshi: Zeuge von allem.

Sarva-sakti-samanvita: mit allen Kräften; allmächtig.

Sarva-sankalpa-rahitah: ohne alle Gedanken oder Lösungen.

Sarva-sastrartha-vetta: Kenner der Bedeutung aller Schriften.

Sarvatitavadi: Einer, der behauptet, dass die Wahrheit transzendental ist.

Sarvatmakatva: Universalität; der Zustand der Seele als wäre man alle Dinge.

Sarvatva: Zustand alles zu sein.

Sarvatyaga: Verzicht auf alles.

Sarvavit: allwissend.

Sarva-vedanta-siddhanta-sarasangraha: Ein Werk, das Adi Shankara zugeschrieben wird.

Sarvavyapi: alles durchdringend; allgegenwärtig.

Sarveshvara: allmächtig; der „Herr aller."

Sarvesvaratva: höchste Herrschaft über alles.

Sarvopadanatva: der Zustand des Seins als die materielle Ursache.

Sarvosmi: „Ich bin alles."

Sasmita: Mit dem Gefühl der Individualität oder dem egoistischen Gefühl von „Ich existiere" (eine Art Samadhi).

Sastra: Schrift; Worte der Autorität.

Sasvatapada: ewiger Aufenthalt.

Sat: Existenz; Sein; Realität; Wahrheit.

Sat-Asat: Existenz und Nicht-Existenz. Mit Bezug auf die Schöpfung ist „Sat" die Manifestation und „Asat" der nicht-manifestierte Zustand.

Satavadhana: Hundert Dinge gleichzeitig tun oder zu beachten.

Satchidananda [Sat-chit-ananda]: absolute Existenz-Wissen-Glückseligkeit. Laut Swami Dayananda auch „Sat-Chit-Ananta" d. h. absolute Existenz-Wissen-Unendlichkeit. Die wahre Natur von allem.

Satchidanandasagara: Der Ozean der Erkenntnis der Existenz – Glückseligkeit, ein metaphorischer Ausdruck, der die unbeschreibliche absolute Realität beschreibt.

Sati: Eine gute und loyale Frau; eine Witwe, die sich auf dem Scheiterhaufen ihres Mannes verbrennt; Sati, die Tochter von Daksa und Frau der Gottheit Siva.

Satkama: Reines Verlangen (eines befreiten Weisen); Verlangen nach Moksha.

Satkarma: gerechtes Handeln.

Satkaryavada: Die Lehre, die besagt, dass die Wirkung der Ursache inhärent ist und dass die Wirkung nur eine Veränderung der Ursache ist.

Sat-Purusha: das reine göttliche Selbst; Gott.

Satsamanya: gemeinsames Substrat; homogene Essenz; Sein; Brahman.

Satsanga: Verbindung mit den Weisen. Assoziation mit dem Guten; oder in „guter Gesellschaft" sein.

Satsankalpa: wahre Entschlossenheit; reines Verlangen; vollkommener Wille.

Sattasamanya: homogene Existenz; absolute Existenz; Brahman.

Satta: Existenz, Sein.

Sattva: Licht; Reinheit; Realität.

Sattvaguna: Lichtqualität, Reinheit und Güte. Die „höchste" der drei Gunas. Verbunden mit Stille, Frieden, Wahrheit, Weisheit, Selbstlosigkeit und Spiritualität, die die höchsten Ansprüche des Menschen repräsentieren.

Sattvagunapradhana: Sattva Guna überwiegt.

Sattvapatti: Vierter Zustand von Jnana, wo es eine Fülle von Sattva oder Reinheit und Licht gibt.

Sattvasamsuddhi: Reinheit des Herzens; Reinheit des Gefühls; Steigerung von Licht und Reinheit.

Satya: Wahrheit; Brahman oder das Absolute.

Satyakama: Wer sich nach der Wahrheit sehnt oder sie begehrt.

Satyam: Wahrheit. Brahman oder das Absolute.

Satyasankalpa: reiner Wille.

Satyatva: Zustand der Wahrheit.
Saucha: Reinheit (innen und außen); Sauberkeit; eine der fünf Niyamas im Ashtanga Yoga.
Savayava: mit Gliedmaßen.
Savichara: mit Überlegung und Argumentation oder Anfrage.
Savikalpa: mit Unterscheidung; mit Gedanken.
Savikalpa-samadhi: Samadhi mit Dualität, mit Unterscheidung oder Gedanken.
Savikara: „Mit Veränderung" im Gegensatz zu nirvikara.
Savisesha: mit Auszeichnung; durch Qualitäten gekennzeichnet; verbunden mit Attribute.
Savisesha-brahman: Brahman mit Qualitäten; Saguna Brahman oder Isvara.
Saviseshatva: das Vorhandensein unverwechselbarer Attribute.
Savitarka: mit Logik und Argumentation.
Savitarka-samadhi: Samadhi mit Argumentation.
Savitr (Savitri): der Schöpfer; die schöpferische Sonne.
Sayujya: Mit Gott eins werden.
Sesha: Gleichgewicht; Rest.
Seva: Dienst; uneigennütziges Dienen.
Shabda: schriftliches oder mündliches Zeugnis.
Shad-ayatana: der Aufenthaltsort der sechs (Sinne).
Shad-darsana: Sechs Denksysteme; sechs Philosophien der Hindus Nyaya, Vaiseshika, Sankhya, Yoga, Mimamsa und Vedanta.
Shad-linga: Sechs Lingas oder Zeichen einer perfekten Exposition oder eines Textes.
Shad-urmi: Sechs Wellen, Trauer, Wahn, Hunger, Durst, Verfall und Tod.
Shad-vikara: Sechs Modifikationen des Körpers, Existenz, Geburt, Wachstum, Veränderung, Verfall und Tod.
Shama: Ruhe, Abwesenheit von Leidenschaft, aber eher als mentale Disziplin oder Selbstbeherrschung übersetzt.

Shanti: Frieden, Ruhe.

Shatchakranirupana: Untersuchung oder Feststellung der sechs Chakren.

Shat-Karma: Reinigungsprozesse im Hatha Yoga, d. h. Neti, Dhauti, Nauli, Basti, Kapalabhati und Trataka.

Shat-sampat: sechsfacher Reichtum, Sama, Dama, Uparati, Titiksha, Sraddha und Samadhana.

Shiva [Siva]: der „Glückliche" – der dritte Gott der hinduistischen Trinität [Brahma, der Schöpfer; Vishnu, der Erhalter und Shiva, der Zerstörer].

Shiva-loka (Shivaloka): die himmlische Welt von Siva.

Shiva-murti: ein Bild von Shiva.

Shiva-sakti: die Macht von Shiva.

Shloka [Sloka]: eine Strophe (Vers) aus den Schriften.

Shodasi: Ein besonderer Aspekt der Göttin, der in einer sechzehnjährigen Jungfrau erdacht wurde; die Brahmavidya der Saktas, bestehend aus sechzehn Buchstaben; eine Modifikation des Agnistoma-Opfers.

Shraddha: Glaube, Vertrauen ohne direkte persönliche Erfahrung.

Shravana: Das Hören der Lehren (z. B. der Upanishaden), die der Guru erklärt; die erste der drei Schlüsselphasen des klassischen spirituellen Pfades.

Shreyas: das „Gute" im Gegensatz zum „Angenehmen."

Shrotriya: Jemand (normalerweise ein Brahmana), der in den Schriften versiert ist.

Shruti: Bezieht sich auf die Veden, die die Upanishaden einbeziehen. Wörtlich bedeutet es „Hören" und bezieht sich auf den Glauben, dass die Bücher mündlich übermittelt wurden.

Shubhecha: Gutes Verlangen; der anfängliche Impuls, der den Jiva auf seine spirituelle Suche führt.

Shuddhi [shuddhi]: Reinigung des Geistes [Denkens].

Shudra [Sudra]: die vierte und niedrigste der traditionellen vier Kasten in Indien.

Siddha: realisiert; perfektioniert; ein vollkommener Yogi.

Siddhanta: etablierter Grundsatz oder Doktrin.

Siddhantavakhyasravana: Anhörung von schriftlichen Schlussfolgerungen oder etablierten Wahrheiten, z. B. durch das Studium von Vedanta; zum endgültigen richtigen Schluss kommen.

Siddhasana: eine meditative Haltung.

Siddhi: Perfektion; psychische Kraft.

Siksha: Phonetik; Unterricht; Lehre.

Sirovrata: Gelübde des Kopfes; ein Gelübde, in dem Feuer auf dem Kopf getragen wird.

Sirshasana: König der Asanas; der Kopfstand der Hatha Yogis.

Sisya [Shishya]: Schüler, Gelehrter, Jünger.

Sita: Tocher von Janaka und die Frau von Rama.

Sivapada: der Zustand der Gottheit Siva; Seligkeit.

Sivo'ham: „Ich bin Siva."

Smarana: Erinnerung.

Smarta: Die zu den Smritis gehören oder von ihnen auferlegt werden.

Smriti: Gedächtnis; Gesetzbuch. Bezieht sich auf ein Material, an das man sich erinnern kann und danach aufgeschrieben wird.

Smritihetu: Ursache der Erinnerung.

Sneha: Kleben; Freundschaft.

So'kamayata: „Er (Gott) begehrte."

Sodhana: Reinigung, durch die sechs Prozesse oder Shatkarmas, (der erste Teil des Hatha Yoga).

Soka: Trauer.

Soma: Die Pflanze, die den mystischen Wein für das vedische Opfer hervorgebracht hat; der Wein selbst, der den Rausch der Ananda darstellt, die göttliche Freude des Seins; die repräsentative Gottheit der Seligpreisung.

Soshana: Trocknen.

Spanda: Bewegung; Vibration.

Spandabhasa: Reflexion der Vibration oder Bewegung.

Spandavastha: Zustand der Vibration oder Bewegung.

Sparsa: Berührung.

Sparsana: berührend.

Sparsatanmatra: die Essenz des Tastsinns.

Sphota: Eine Idee im Verstand, sobald ein Ton geäußert wird; der Eindruck, der beim Hören eines Tones entsteht; die Theorie, dass das Universum durch den Klang entstanden ist.

Sphurana: pochend oder brechend; hervorbrechend; Vibration.

Spriha: Verlangen.

Sraaddha: Eine jährliche Zeremonie, bei der den Vorfahren Opfer dargebracht werden.

Srauta: Die zu den Sruti gehören oder von ihnen angeordnet werden.

Sri: um eine bedeutende Person zu bezeichnen, z. B. Sri Krishna, Sri Ramakrishna. Kann auch auf verehrte Objekte oder Schriften verweisen; die Göttin Lakshmi; Reichtum; Wohlstand.

Srimat: schön, charmant, reizend.

Srishti: Schöpfung.

Srishti-bheda: Der Unterschied in der Schöpfung, d. h. ein Ego ist das Ergebnis der Vorherrschaft von Sattva, ein anderes von Rajas und ein drittes von Tamas.

Srishti-drishti-vada: Die Theorie, dass die Welt von uns selbst getrennt ist, d. h. von Gott erschaffen wurde. „Wir sehen die Schöpfung, weil sie existiert."

Srishti-kalpana: kreative Ideen.

Srishtisthitilaya (Samhara): Schöpfung, Erhaltung und Zerstörung.

Srishti-unmukha: bereit oder anfällig zu erschaffen.

Srotra: Ohr; Hörorgan.

Sruti: Die Veden; die offenbarten Schriften der Hindus; das Gehörte; Ohr.

Srutipradhana: Überlegenheit; die Überlegenheit der Srutis über alle anderen Wissensbeweise.

Srutipramana: Zeugnis oder Beweise, die auf die Veden basieren.

Stabdhavastha: Betäubter Zustand des Geistes [Denkens], in dem seine Bewegungen festgehalten werden; dies ist ein negativer Zustand, der ein Hindernis, während der Meditation ist.

Stambhana: Verhaftung; Einsperren; Anhalten.

Sthanumanushya: Der Mensch in der Post; ein Gleichnis, das verwendet wird, um falsche Überlagerungen aufgrund falscher Vorstellungskraft zu beschreiben.

Sthavara: unbeweglich; stationär.

Sthirata: Stetigkeit oder Festigkeit entweder des Geistes [Denkens] durch Konzentration oder des Körpers durch Asanas, Mudras, usw.

Sthitaprajna: Derjenige, der unerschütterlich im höchsten Zustand verankert ist. Der Name, den die Bhagavad Gita einem Selbstverwirklichten gibt.

Sthiti: Zustand; Existenz; Sein; Lebensunterhalt; Bewahrung.

Sthula: Groß, dick, grob, dicht.

Sthula-avidya: Grobe Ignoranz, die alle Objekte umhüllt.

Sthulabuddhi: ekelhafter Intellekt.

Sthulasamadhi: Ein Samadhi Zustand, in dem es kein intuitives Bewusstsein gibt.

Sthulasarira: physischer Körper.

Sthulavairagya: oberflächliche Leidenschaftslosigkeit.

Stuti: Lob, Verherrlichung.

Subha: glücklich; gesegnet.

Subhadra: eine Frau von Arjuna.

Subhavasana: reines Verlangen oder Tendenz; guter Eindruck der Vergangenheit.

Subheccha: guter Wunsch; rechtes Streben, Samsara zu überqueren; die erste Jnana-bhumika oder Stufe des Wissens.

Suchi: rein; unbefleckt.

Suddha: rein; klar; sauber; unbefleckt.

Suddhabhakti: reine Hingabe an Gott.

Suddhabhavana: reines Gefühl oder Eigenschaften.

Suddhabrahma: Reiner Brahman, frei von Maya; Nirguna Brahman.

Suddhakalpana: Reine Vorstellung (wie die von „Ich bin Brahman").

Suddhamanas: reiner Geist.

Suddhaprema: reine Liebe; göttliche Liebe ohne Fleischeslust.

Suddhasankalpa: reine Entschlossenheit.

Suddhavichara: reine Erforschung der Natur von Brahman.

Sugamata: Die Fähigkeit, den Text nach einmaligem oder mehrmaligem Lesen zu reproduzieren.

Sugupta: Gut versteckt; sehr geheim.

Sukha: Vergnügen; Glück; Freude.

Sukhachintana: glückliches Denken.

Sukhi: Einer, der glücklich ist.

Sukla: Sperma; oder die Farbe Weiß.

Sukrita: gute Tat; Verdienst.

Sukshma: fein; subtil; unsichtbar; zu einer feineren Ordnung der Existenz gehörend.

Sukshma sharira: subtiler Körper.

Sukshmabhuta: Tanmatra; subtile Essenz oder Zustand der Elemente.

Sukshmadarsi: Seher der subtilen Essenz der Dinge; einer, der das subtile innere Auge entwickelt hat; ein Mensch der Weisheit; ein Weiser.

Sukshmadhyana: subtile Art der Meditation, z. B. über abstrakte Ideen.

Suktika-rajata: Silber im Perlmutt, ein Beispiel für eine Überlagerung, bei der eine Sache fälschlicherweise für eine andere gehalten wird.

Sulohita: sehr rot.

Sundara: schön.

Sunya: Leere; nichts.

Sunyavada: Doktrin des Nihilismus; Doktrin der Nicht-Existenz.

Sunyavadi: Nihilist; ein Anhänger von Nagarjuna.

Surya: die Sonne; der Sonnengott, der Herr der Wahrheit und das Licht.

Suryanadi: ein anderer Name für den psychischen Nerv, Pingala.

Sushka: trocken; ohne Essenzen.

Sushumna: Der wichtige psychische Nervenstrom, der durch die Wirbelsäule vom Muladhara zum Sahasrara oder dem tausendblättrigen Lotus fließt, durch den die Kundalini durch den Yoga-Prozess aufsteigt.

Sushupti: der Tiefschlaf.

Susila: Er, dessen Natur gereinigt ist, d. h. der Mensch, der regelmäßig Yama praktiziert und sich selbst trainiert hat.

Sutra: Faden; String; ein Aphorismus mit minimalen Worten und maximalem Sinn; ein knapper Satz.

Sutradhara: der Halter der Schnur; Hiranyagarbha oder der Herr des Universums.

Sutratma: die immanente Gottheit der Totalität des Subtilen.

Suvah: Himmel.

Suvichara: richtige Anfrage.

Südlicher Pfad: Der Weg der Vorfahren wo der Jiva Chandraloka erreicht. Danach wird er wiedergeboren.

Sva: die Eigene.

Svabhava: Die eigene Natur oder Potenzialität; angeborene Natur.

Svaccha: rein; transparent; sauber.

Svadha: Opfergaben an die Vorfahren; ein Ausruf, wenn man den Vorfahren ein Opfer darbringt.

Svadharma: laut dem ewigen Gesetz die eigene vorgeschriebene Pflicht. Das eigene Dharma.

Svadhisthana: das zweite der sechs Chakren laut dem Hatha Yoga.

Svadhyaya: Studium oder Selbststudium der religiösen Schriften, insbesondere der Veden.

Svagatabheda: immanenter Unterschied. Der Unterschied zwischen Wellen, Wirbel usw. in einer Wassermasse; der Unterschied zwischen Teile wie Hände, Beine, Kopf, Füße usw. einer Person.

Svah: Himmel.

Svaha: Ein Opfer, das den Göttern dargebracht wird; ein Ausruf, um den Göttern Opfer darzubringen.

Svajatiyavrittipravaha: Der ständige Gedankenfluss des eigenen wahren Zustands, d.h., von der Idee des „Ich bin Brahman."

Svamahimapratishthita: Einer, der in seiner eigenen Größe oder Herrlichkeit verankert oder von ihr abhängig ist.

Svanubhuti: direkte Erfahrung des eigenen Selbst.

Svapna: Traum; Illusion; der Traumzustand des Bewusstseins.

Svapnakalpita: in einem Traum vorgestellt; Traumschöpfung.

Svapnamayasvarupa: die Form einer Traumillusion.

Svapnavastha: Traumzustand.

Svapnavat: wie ein Traum.

Svaprakasa: selbstleuchtend.

Svara: Ton; Klang oder Akzent.

Svarabhanga: das Fallen der Stimme; das Ersticken der Stimme; eines der Zeichen göttlicher Emotionen.

Svarasadhana: Regulierung der Atmung; eine besondere Art von Sadhana, wodurch der Atemfluss ständig überwacht und reguliert wird.

Svarga: Himmel.

Svargaloka: die Welt des Himmels; die himmlische Region.
Svarupa: Essenz; wesentliche Natur; die wesentliche Natur von Brahman; Realität; eigener Charakter oder die eigene Natur.
Svarupadhyana: Meditation über die Realität, d. h. über die eigene essenzielle Natur.
Svarupajnana: Erkenntnis der eigenen essenziellen Natur; Erkenntnis des reinen Bewusstseins, dass das höchste Ziel des Lebens ist.
Svarupalakshana: Definition der wesentlichen Natur von Brahman.
Svarupanyathabhava: anders als die eigene wahre Natur zu sein.
Svarupapratishtha: im eigenen Selbst verankert sein.
Svarupasambandha: Verbindung mit der eigenen essenziellen Natur.
Svarupasthiti: sich in der eigenen essenziellen Natur fest verankern.
Svarupavastha: Zustand der Einheit mit Brahman; Ruhe in der absoluten Realität oder Brahman.
Svarupavisranti: Ausruhen in der eigenen essenziellen Natur.
Svasa: Atem.
Svatahsiddha: selbst erlangt oder realisiert.
Svatantra: unabhängig; eigenwillig, frei.
Svatantrasattabhava: Möglichkeit der selbstständigen Existenz.
Svatantratva: Zustand der (absoluten) Unabhängigkeit.
Svata-pramanya-vada: Die Theorie der „Selbstgültigkeit des Wissens", d. h. die Annahme einer gegebenen Erklärung bis etwas Besseres kommt.
Svayam: von; oder allein.
Svayam Jyotih: selbstleuchtend.
Svayambhava: Gefühl der Unabhängigkeit.

Svayambhu: selbst existent; selbst erschaffen; selbst geboren.

Svayamprabhasamvit: das selbstleuchtende Bewusstsein.

Svecha: freier Wille.

Svedaja: Organismus, der spontan oder automatisch aus anorganischer Materie durch Einwirkung von Feuchtigkeit und Wärme entsteht z. B. die Made im verrottenden Fleisch oder Wanzen aus Schweiß.

Swami: ein spiritueller Lehrer.

T

Taapatraya: Leiden oder Leiden dreifacher Art, denen Sterbliche ausgesetzt sind, (1) durch den eigenen Körper (Adhyatmika), (2) durch Wesen um ihn herum (Adhibhautika) und (3) durch Devas (Adhidaivika).

Tadakara (oder Tadrupa): Von dieser Form, d. h. von derselben Form wie „Das", d. h. Brahman.

Tadatmya: Identität; Gleichheit, Identität der Natur oder des Charakters.

Tadatmyasambandha: Identische Beziehung z. B. Eisen wird Feuer, Wasser ist weiß gefärbt, wenn es mit Milch vermischt wird.

Taijasa: Traumzustand; das individuelle „Träumer-Ego."

Tailadhara: Kontinuierlicher Ölfluss; parallel bezeichnet man den kontinuierlichen Fluss eines Gedankens während der Meditation sowie der ungebrochene Strom der Liebe des Geweihten zu seinem Geliebten d. h. Gott.

Taittiriya Upanishade: Einer der wichtigsten Upanishaden.

Talatala: eine untergeordnete Region.

Talumula: Wurzel des Gaumens.

Tamas: Unwissenheit; Trägheit; Dunkelheit; Vergänglichkeit. Die „niedrigste" der drei Gunas.

Tamasahankara: Die niedrigste oder gröbste Form des Egoismus, die durch Wahnvorstellungen, Trägheit und tiefe Arroganz gekennzeichnet ist.

Tamasika Tapas: Extreme Askese einer unnötigen, ängstlichen und entsetzlichen Kategorie; Selbstquälerei, die von einer unwissenden Person praktiziert wird.

Tandra: Schläfrigkeit; Halbschlaf; ein Hindernis während der Meditation.

Tanmatra: subtiles Element im undifferenzierten Zustand vor Panchikarana. Es gibt fünf shabda (Klang, Sprache), sparsha (Berührung), rupa (Form), rasa (Geschmack) und gandha (Geruch). Die physischen Elemente sind die Mahabhutas: Raum, Luft, Feuer, Wasser und Erde.

Tanmayata: Zustand der Versenkung.

Tantra: Ein Handbuch oder ein besonderer Pfad von Sadhana, wobei auf Japa und andere esoterische Upasanas viel wert gelegt wird.

Tantrika: Betreffend Tantra; eine hinduistische Sekte, die Gott als die göttliche Mutter in einer bestimmten Form anbetet.

Tanu: Körper; Person; auch flach, schmal oder fein.

Tanu-avastha: feiner mentaler Zustand.

Tanumanasi: Feiner (mentaler) Geisteszustand; der dritte der Jnana-Bhumikas.

Tapana: Verbrennen.

Tapas: Askese; Strenge; reinigende Handlung; Buße; Hitze; jede Art von Energie; das wesentliche Prinzip der Energie.

Tapo brahma: Willens-Energie [Tapas] ist Brahman.

Tapasvi: Asket; einer, der Tapas praktiziert.

Tapoloka: eine der höheren Welten, direkt unter Satya Loka.

Taptapinda: beheizte Kugel.

Tara: ein Name Gottes als die göttliche Mutter in einer bestimmten Form.

Tarakajnana: Das Wissen, das zu Moksha führt.

Tarana: Befreiung; Überquerung von Samsara.

Taranga: Welle.

Tarka: Logik. Argumentation, Spekulation, philosophisches System oder Lehre.

Tarpana: sättigend, erfrischend, wohltuend; ein Trankopfer, um die Gnade Gottes zu erflehen.

Tatastha-lakshana: Eine indirekte Vorstellung über eine Sache; das was auf scheinbare Eigenschaften hinweist, z. B. Brahman ist das scheinbare Substrat des phänomenalen Universums.

Tatastha-vritti: Ein Vritti der Gleichgültigkeit; Neutralität, in der es weder Anziehung noch Abstoßung gibt.

Tatratatra: überall.

Tattva: Brahman; Realität; Element; Wahrheit; Wesen; Prinzip.

Tattvadarsi: Einer, der die subtile Natur der Dinge erkennt; ein Weiser.

Tattvajnana: Erkenntnis von Brahman; Brahma Jnana.

Tat-Tvam-Asi: „Das bist du"; einer der vier Mahavakyas die in der Chandogya Upanishade des Sama Veda zu finden ist; das ist der Abheda-bodha-vakya oder der Satz, der die Identität zwischen dem Selbst und Brahman offenbart; das ist Upadesa-vakya oder die Anweisung des selbst verwirklichten Weisen an den Schüler.

Tattvatita: Jenseits der Elemente.

Tattvavit: Kenner der Essenz der Dinge oder Brahmajnani.

Tavaivaham: „Ich bin dein allein."

Tejas: Brillanz (besonders spirituell); das Element des Feuers [oder Licht].

Tejomaya: Voller Licht; strahlend.

Tika: ein Kommentar zu einem anderen Kommentar, z. B. von Anandagiri zu Adi Shankaras Kommentar von Gaudapadas Karika.

Tikshna: scharf oder scharfsinnig (des Intellekts – Buddhi).

Tirobhava: Verhüllung.

Tirtha: Heiliges Wasser; Wallfahrtsort; heiliger Ort, der normalerweise einen Badeplatz enthält. Auch der Name des großen Weisen Swami Rama Tirtha.

Titiksha: mit Gelassenheit die Paare der Gegensätze z. B. Hitze und Kälte, Freude und Schmerz ertragen; Ausdauer; Nachsicht; Geduld.

Tivra: intensiv, scharf.

Tivravairagya: intensive Sachlichkeit.

Tnmani-avastha: gedankenloser Zustand der Yogis.

Trataka: stetiger Blick; der Prozess der Fixierung des Blicks auf einen kleinen Punkt. Im Hatha Yoga blickt der Yogi, ohne zu zwinkern, auf ein einziges Objekt, bis ihm die Tränen reichlich aus den Augen fließen; dadurch wird die himmlische Vision erworben.

Trigunamayi: Ein Name Gottes als die göttliche Mutter, mit dem Hinweis, dass sie die drei Gunas besitzt.

Trigunatmika: durch die drei Gunas, Sattva, Rajas und Tamas gekennzeichnet; der kosmischen Energie oder der göttlichen Kraft [Maya oder Sakti].

Trikaladarsi: Seher der drei Perioden; durch das erworbene Yoga Wissen sieht der Yogi alles in der Vergangenheit, Gegenwart und Zukunft.

Trikala: die drei Zeiten (Vergangenheit, Gegenwart und Zukunft).

Trikalajnana: Kenntnis der drei Perioden oder Zeiten.

Trikalajnani: Einer, der die Vergangenheit, die Gegenwart und die Zukunft kennt.

Trikalatita: Überschreitet die Vergangenheit, Gegenwart und Zukunft (das höchste Selbst).

Trikuta: der Raum zwischen den Augenbrauen.

Tripti: Zufriedenheit.

Triputi: Die Triade (Seher, Objekt des Sehens, Sehen). Triputa ist das Adjektiv.

Trishna: Durst (nach Objekte der Sinne); inneres Verlangen.

Trisula: Dreizack; Waffe von der Gottheit Siva.

Tritiya: Dritter.

Triveni: Der Ort, an dem sich drei heilige Flüsse treffen; der Raum zwischen den Augenbrauen.

Trivritkarana: Vermischung von drei sichtbaren Elementen (Feuer, Wasser und Erde) zur Bildung von Körpern.

Tryanuka: Kombination von drei Atomen.

Tuccha: geringfügig; gemein, eitel.

Tulasi: Die indische (heilige) Basilikumpflanze, die der Gottheit Vishnu heilig ist und von den Vaishnavas als die göttlichste verehrt wird.

Tulya: gleichgestellt.

Turiya: Der absolute Zustand; das höchste Selbst [Atman] der Geschöpfe das alle Bedingungen und Zustände übersteigt; Einheit. Turiya bezieht sich auf die nicht-duale Realität; der Hintergrund der anderen Zustände (Erwachen, Traum und Tiefschlaf). Es ist die wahre Natur einer Seele [Jiva]. Die anderen drei Zustände sind mithya.

Turiya Atman: das Selbst in seinem vierten oder transzendentalen Zustand.

Turiyam Dhama: Die vierte Platzierung oder das Gleichgewicht der Existenz.

Turiyam svid: eine gewisse Vierte.

Tushnimbhuta-avastha: Ein Zustand des Geistes [Denkens], in dem es weder Anziehung noch Abstoßung gibt; der Zustand des Schweigens.

Tuschti: Zufriedenheit.

Tvach: die Haut.

Tyaga: Verzicht; Entsagung (von Egoismus, Vasanas und der Welt).

U

Ubhayatmaka: Das gehört beiden.
Ucchvasa: Ausatmen.
Udanavayu: Eine der fünf Lebensenergien [Pranas], die im menschlichen Körper funktionieren.
Udaharana: Beispiel, Illustration.
Udana: Eine der fünf Lebensenergien [Pranas], die mit der Kehle verbunden ist.
Udarata: Großzügigkeit; Expansion.
Udaravastha: erweiterter Zustand.
Udaravritti: großzügige Natur; erweiterter Zustand der Psychose.
Udasina: gleichgültig.
Udasinata: Gleichgültigkeit (zu Objekten); Zustand der Gleichgültigkeit.
Udbhijja: aus Samen geboren; eine Pflanze.
Udbhuta: Solche, die von den Sinnen begriffen werden können; geboren (aus den Elementen).
Udbodhaka: Stimulus; Ansporn.
Uddharsha: übermäßige Freude.
Udgatri: Der Priester, der das Sama Veda rezitiert.
Udghata: Erwachen der Kundalini Sakti, die im Muladhara Chakra schlummert.
Udgita: Om; Pranava; klangvolles Gebet. Das Sama Veda schreibt vor, dass es laut gesungen werden soll.
Uktha: Hymne, Vers, Lobpreis.

Uma [Umadevi]: Gemahlin der Gottheit Siva; Sie vermittelte Indra das Wissen über Brahman; auch Uma Haimavati d. h. Tochter des Himalayas.

Unmadana: Rausch.

Unmani-avastha: gedankenloser Zustand von Yogis.

Unmanibhava: Gedankenlosigkeit.

Upadana: Material.

Upadana-karana: Material Ursache z. B. der Ton für die Herstellung einer Topform. Dies wird in der Nyaya Philosophie als Samvayakarana bezeichnet.

Upadesha: Unterricht oder Lehre.

Upadesha Sahasri: ein Werk von Adi Shankara.

Upadhi: Eine überlagerte Sache oder ein Attribut, das die darunter liegende Substanz verschleiert und einen gefärbten Blick auf sie wirft; ein Ersatz, ein Phantom, eine Verkleidung, Begrenzungszusatz; wörtlich etwas, das an die Stelle einer anderen Sache tritt.

Upadrashta: Aufseher.

Upaharana: Annäherung, Holen, Nehmen, Ergreifen.

Upahitachaitanya: Intelligenz mit Upadhis verbunden; individuelle Seele.

Upahita: Je nach; verbunden mit.

Upakrama: Beginn.

Upakrama-upasamhara-ekavakyata: die Einheit des Denkens am Anfang und Ende; die erste der Shadlingas.

Upakurvana: Einer, der nach einem religiösen Studium ein Hausherr wird.

Upakurvana-brahmachari: Ein Student, der das „Enthaltsamkeit-Gelübde" für einen begrenzten Zeitraum ablegt.

Upalabdhi: Wahrnehmung; Wissen; Leistung.

Upalabdhri: das wahrnehmende oder wissende Subjekt.

Upamsu-japa: Japa mit einem summenden Ton; halb verbale Wiederholung eines Mantra.

Upamana: Vergleich, Gleichnis, Ähnlichkeit, Analogie.

Upanishaden: 108 oder mehr Abhandlungen als ein Teil (normalerweise das Ende) der vier Veden. Texte über die absolute Wahrheit und ihre Verwirklichung. Wörtlich: Neben einem Meister (upa) zu seinen Füßen (ni) sitzen (Shad) daher die Idee ist, dass man zu Füßen eines Meisters sitzt, um seine Worte zu hören.

Upapataka: eine kleine Sünde.

Upaprana: Einer der fünf kleinen Lebensenergien [Pranas].

Uparama: Sättigung; Verzicht auf Handlungen.

Uparamata: Ruhe des Geistes [Denkens]; Einstellung des Handelns; vom sinnlichen Genuss absehen.

Uparati: gesättigt vom Genuss der Sinnesobjekte; Überfluss.

Upasaka: Anbeter, Anhänger, Sucher.

Upasana: (Wörtlich) in der Nähe sitzen; Anbetung oder Meditation über Gott oder einer Gottheit.

Upasanamurti: Eine Form von Gott, die für die Anbetung ausgewählt wurde.

Upasarga: Hindernis.

Upashama: Aufhören, anhalten, still werden.

Upastambhaka: instrumentale Sache; unterstützend; ermutigend.

Upastha: Genital.

Upasya: bereit zur Anbetung.

Upaya: Ein anderer Begriff für „Weg" (siehe Marga) – mit dem man sein Ziel, ein Mittel oder einen sinnvollen Weg erreicht.

Upeksha: Gleichgültigkeit.

Urdhvaretoyogi: Ein Yogi, bei dem die abwärtsfließende Energie aufwärtsgeht.

Urmi: Eine Welle; ein Übel; die sechs Übel sind Hunger und Durst, Alter und Tod, Trauer und Verblendung oder Bewusstseinsverlust.

Usra: Strahl; Stier; hell.

Utkarsha: Überlegenheit; Eminenz.

Utkata Karma: Karma überschreitet das übliche Maß. Bestimmte starke Effekte [der vergangenen Handlungen], die man nicht mehr ändern kann.

Utkranti: Verlassen der Seele aus dem Körper.

Utpatti: Ursprung; Schöpfung.

Utpattinasa: Anfang und Zerstörung.

Utsaha: Heiterkeit; Begeisterung.

Utsava: Festlichkeit.

Uttama: am besten; ausgezeichnet, ganz oben.

Uttamakoti-adhikari: qualifizierte Person ersten Grades.

Uttamapurusha: höchste Person; Gott; Brahman.

Uttamarahasya: das höchste Geheimnis der Dinge.

Uttara: höher, nördlich.

Uttara Mimamsa: die philosophische Betrachtung der letzten Abschnitte des Veda. Ihr Gründer war Badarayana, der die Brahmasutras schrieb.

Uttara yogi: Yogi aus dem Norden.

Uttarayana: die sechs Monate des Jahres. Entspricht der Zeit vom 15. Januar bis 15. Juli.

Utthana: Aufstehen (vom Boden).

V

Vach: Rede, siehe Vak.

Vacharambhana: leere Worte. Existiert nur in der Sprache. Zum Beispiel „Ton" ist die Wahrheit und „Topf" ist nur ein kunstvoller sprachlicher Ausdruck oder Gold ist die Realität und „Ornament" ist ein sprachlicher Ausdruck.

Vachaspati: Einer der beiden Schulen des Advaita; Sie wird auch die Bhamati Schule genannt. Ihr Gründer war Vachaspati Mishra.

Vachya: das, was durch Sprache bezeichnet wird.

Vachyartha: wörtliche Bedeutung; wörtliche Beschreibung.
Vada: Diskussion, Rede, Satz, Argument, Erklärung oder Darstellung.
Vaidarmya: Unterschied, Heterogenität.
Vaidharmya: mit unterschiedlicher Natur oder Qualität.
Vaidhi: nach einem festgelegten Kodex von Aufforderungen; formalistisch.
Vaidhibhakti: formale Hingabe (die Anfangsphase auf dem Weg der Liebe); Praxis der Hingabe durch einen festgelegten Kodex, als Vorbereitung für die Entwicklung einer intensiven Liebe zu Gott.
Vaijayanti: der Name der Girlande der Gottheit Vishnu.
Vaikhari: artikulierte Form eines Klangs.
Vaikharijapa: artikulierte oder laute Wiederholung von einem Mantra.
Vaikriti: Modifikation.
Vaikuntha: Der Wohnsitz der Gottheit Vishnu; die höchste Welt unter dem Vorsitz der Gottheit Vishnu; bestimmt für Personen der endgültigen Befreiung.
Vairagi: Jemand, der Vairagya beherrscht; ein Entsagender.
Vairagya: Gleichgültigkeit; Leidenschaftslosigkeit; Wunschlosigkeit; Distanz oder Objektivität gegenüber allen vergänglichen Leidenschaften und identifiziert sich nicht mit den Ergebnissen seines Handelns.
Vaishamyavastha: Ein Zustand, in dem das Gleichgewicht der drei Gunas gestört ist.
Vaisheshika: Eine der sechs klassischen indischen Philosophien, eine spätere Entwicklung von Nyaya durch den Philosophen Kanada.
Vaishnava: Anbeter der Gottheit Vishnu, dem Erhalter. Eine Inkarnation von Vishnu ist Krishna.
Vaishnavasastra: die Schriften über die Gottheit Vishnu.
Vaishnavi: die Sakti oder die göttliche Macht der Gottheit Vishnu.

Vaisvanara: Der physische Zustand oder Wachzustand eines Menschen; Brahman mit einer körperlichen Form identifiziert. Der Gott des Feuers; das Verdauungsfeuer; das Magenfeuer; die Summe der Geschöpfe.

Vaishya: ein Arbeiter, Händler oder Landwirt – die Dritte der vier traditionellen Kasten in Indien.

Vaisvanaravidya: die Meditation über Brahman als Verdauungsfeuer; Methode der Meditation über Virat.

Vaitarani: Ein ängstlicher Fluss, den die Sünder überqueren können.

Vaitrishnya: ohne Bindungen; Leidenschaftslosigkeit.

Vajra: Donnerkeil.

Vaitathya: Falschheit. Entspricht mithyatva.

Vak: Sprache; Rede; Sprache als Göttin verkörpert, Frau von Prajapati (Herr der Geschöpfe).

Vak-sakti: die Macht (Sakti) der Sprache; das Wort.

Vaksamudaya: die Sammlung von Gespräche oder Wörtern.

Vaksiddhi: Vollkommenheit in der Sprache. Was man auch immer sagt, ist die Wahrheit; das Ergebnis der Einhaltung der Ehrlichkeit.

Vakyapadiya: Ein Buch von Bhartrihari über die Sanskrit-Grammatik.

Valli: über die Abschnitte bestimmter Upanishaden. Bezeichnung für einen Abschnitt einer Textpassage.

Vamanadhauti: Reinigung der Kehle und des Magens durch Trinkwasser und Erbrechen.

Vanamala: die malerische Girlande der Gottheit Vishnu.

Vanaprastha: Förster; die dritte Stufe des traditionellen hinduistischen spirituellen Weges, in dem sich der Brahmane aus dem Leben zurückzieht und zum „Waldbewohner" und Einsiedler wird.

Vanchana: Betrügen.

Vandhyaputra: der Sohn einer unfruchtbaren Frau; ein Symbol der Nicht-Existenz.

Vandya putra: Wörtlich „Sohn einer unfruchtbaren Frau" und bezieht sich auf alles, was imaginär oder unmöglich ist.

Vani: Musik, Klang, Laut, Ton, Stimme; Sprache, Worte; die Göttin der Sprache, Saraswati.

Vanhi: Feuer.

Vara: höchstes Gut; Wahl; Gabe; Wunsch; Geschenk; Almosen; Vorzug.

Varaha: eine der Inkarnationen Gottes. Der Eber, die dritte Inkarnation der Gottheit Vishnu.

Varna: eine Form von Buchstaben; Farbe; eine Kaste oder Klasse; die vier Varnas (caturvarna); die vier Kasten der indischen Gesellschaft.

Varnasrama: Bezieht sich auf die vier Hauptgruppen und die vier Stadien des hinduistischen Lebens; die Gesetze der Kaste und der Lebensphase.

Varnatmakasabda: artikulierte Laute.

Varshneya: jemand aus dem Klan der Vrishnis. Ein Beiname von Krishna.

Varuna: Die göttliche Intelligenz, die über das Element Wasser herrscht; Gottheit des Wassers. Einer der vedischen Hauptgötter.

Varunabija: die Silbe Vam.

Varunaloka: die Welt der Gottheit Varuna.

Vasana: Subtiles Verlangen; Samskara; eine Tendenz, die durch Handlungen oder einem Wunsch entsteht; sie veranlasst die Person, die Handlung zu wiederholen; der mentale Eindruck im Intellekt, der dazu fähig ist, sich in Handlungen zu entwickeln; Vasanas sind die Ursache von Geburt und Erfahrung; der mentale Eindruck von Handlungen, der unbewusst im Intellekt bleibt.

Vasanakshaya: Vernichtung subtiler Wünsche.

Vasanarahita: ohne subtile Wünsche.

Vasanatyaga: Verzicht auf subtile Wünsche.

Vasikara: Kontrolle; höchste Stufe des niedrigen Vairagya.

Vasishta: „Der Wohlhabendste"; ist einer der sieben Weisen (saptarishi) im Hinduismus. Wie die anderen sieben Weisen bildet er einen der sieben Sterne des Großen Bären.

Vasitva: Einer der acht Siddhis, durch die der Yogi alles kontrollieren kann.

Vastava: Wesentlich, echt, wahr.

Vastu: Eine Sache, die existiert, Objekt, Thema. Genau genommen gibt es nur ein Vastu – Brahman. Alles andere ist beiläufig – es kommt und geht. Nur das absolute Bewusstsein ist immer da.

Vastu-tantra: Objektiv, von der Realität regiert.

Vasudeva: Der Name Bhagavan Narayana; Sri Krishna; etymologisch bedeutet der Begriff ein Gott, der in allen Dingen bleibt und in dem alle Dinge verweilen.

Vata: Wind; einer der drei Körpersäfte; Rheuma.

Vatsalya: Die Haltung eines Gläubigen, der die elterliche Beziehung zu Gott ausdrückt und ihn als Kind betrachtet.

Vayu: Luft oder Wind. Der Windgott; vitaler Atem; Prana.

Vayubhakshana: „Luft essen." Eine von den Hatha Yogis praktizierte Methode, um ohne Nahrung zu leben.

Vayudharana: Konzentration auf eine bestimmte vitale Luft; eine der fünf Arten der Konzentration im Hatha Yoga.

Vayutattva: Prinzip der Luft.

Veda: Wissen; göttliches Wissen. Die Veden sind die heiligen Schriften und die Grundlage der Religion der Hindus. Wenn sie in Vergessenheit geraten, werden sie von den Rishis durch Meditation reproduziert. Die Veden werden als ewig betrachet. Sie lehren, wer und was Brahman ist und wie man ihn verehrt. Die Smritis, Itihasas und Puranas verstärken ihre Lehre. Sie sind die älteste, authentischste Schrift der Hindus.

Vedavada: das Evangelium oder die Botschaft des (rituellen) Veda, im Gegensatz zum Brahmavada.

Vedana: Gefühl; Empfindung; Wissen; Wahrnehmung (eine buddhistische Terminologie).

Vedanasakti: Macht der Erkenntnis oder des Empfindens.
Vedanaskandha: Gruppe von Gefühlen (ein buddhistischer Begriff).
Vedanga: ein Hilfsmittel für die Veden; eine von sechs Hilfsmittel des Veda d. h. Singen, Rituale, Grammatik, etymologische Interpretation, Verslehre und Astrologie.
Vedanta: wörtlich „Ende" oder „Höhepunkt" (anta) des Wissens (veda). Veda bezieht sich in diesem Zusammenhang auf die vier Veden, die hinduistischen Äquivalente der christlichen Bibel (genannt Rig, Sama, Atharva, Yajur Veda). Traditionell ist der letzte Teil der Veden (d. h. „Ende") den Upanishaden gewidmet.
Vedantasara: wörtlich „Wesen des Vedanta"; eine Abhandlung über Vedanta von Sadananda Yogindra.
Vedanta Sutra: siehe Brahma Sutra.
Vedanti: Einer, der dem Weg des Sadhana folgt.
Veden: die großen Schriften der Hindus und die ultimative Autorität der hinduistischen Religion. Rig-Veda, Sama-Veda, Yajur-Veda, Atharva-Veda.
Vega: Momentum; Macht.
Vesha: Kleid, Kleidung, Äußeres, angenommenes Aussehen usw.; wird im Sinne der Verkleidung oder des äußeren Erscheinungsbildes, das die wahre Natur verbirgt, verwendet.
Vibhaga: Teilung.
Vibhu: alles durchdringend; großartig; allgegenwärtig, ewig; mächtig, mächtig; Herr, Herrscher.
Vibhuti: Manifestation. Die göttliche Herrlichkeit und Manifestation göttlicher Macht.
Vicchinnavastha: verborgener Zustand (der Vasanas).
Vichara: Reflexion, Untersuchung, Erforschung der Natur des Selbst bzw. der Wahrheit oder Brahman.
Vicarabuddhi: der reflektierende Intellekt.
Vicharasakti: Macht der Reflexion.
Videha: körperlos.

Videhakaivalya: körperlose Erlösung.

Videhamukti: Körperlose Befreiung; Erlösung, die von der verwirklichten Seele nach dem Verlassen der physischen Hülle erreicht wird, im Gegensatz zu Jivanmukti, der Befreite während des Lebens.

Vidhi: Formel, Verfügung, Regel, Gebot, Gesetz.

Vidhipurvaka: in Übereinstimmung mit den Anweisungen der Schriften.

Vidvan: Eine wissende Person; eine Person der die wahre Natur des Selbst im Unterschied zum Körper kennt.

Vidvatsannyasa: Verzicht nach der Erlangung der Selbsterkenntnis.

Vidya: Wissen (von Brahman); Wissenschaft, Lernen. Es gibt zwei Arten von Wissen, Paravidya und Aparavidya; ein Prozess der Meditation oder Anbetung.

Vidyadhara: Halbgöttliches Wesen mit übernatürlichen Fähigkeiten; jemand der das höchste Wissen besitzt.

Vidyaranya: Weiser und Autor des Panchadashi.

Vidya-avidya: Wissen und die Unwissenheit.

Vidya-avidyamayi-maya: Die Maya aus Wissen und Unwissenheit.

Vidyamaya: die Maya des Wissens.

Vidyut-loka: die Region des Blitzes.

Vigata-sprha: frei von (allen) Sehnsüchten.

Vighna: Hindernis.

Vighnesa: Der Gott, der Hindernisse beseitigt, z. B. Ganesha, der Sohn der Gottheit Siva.

Vijara: zeitlos; ohne Alter.

Vijati: Gehört zu einer anderen Kaste oder Stamm.

Vijnana: das Prinzip der reinen Intelligenz; Erkenntnis; die Fähigkeit des Erkennens; richtiges Urteil.

Vijnanamayakosa: Die intellektuelle Hülle; eine der Hüllen der Seele [Jiva], die aus dem Buddhi [Intellekt oder Vernunft] besteht.

Vijnanaspandita: Bewegung des Bewusstseins.
Vijnanatma: kognitives Selbst; Seele; intellektuelles Selbst.
Vijnana purusha: höchstes Wesen.
Vijnanesvara (Vijnaneshwara): der Herr der Vijnana.
Vikalpa: Vorstellung; Schwingung des Geistes.
Vikara: Modifikation oder Veränderung der Form oder der Natur; individuelle oder kosmische Veränderung des Geistes [Denkens].
Vikarma: Verboten, rechtswidrig – Handlungen, die vermieden werden müssen.
Vikarshanasakti: Macht der Abneigung.
Vikasa: Zustand der Expansion z. B. die Evolution der Welt.
Vikrita: verändert, umgewandelt, modifiziert.
Vikriti: Umwandlung, Veränderung, Modifikation, Abart, veränderter oder abnormer Zustand.
Vikshepasakti: die „projizierende" Kraft von Maya. Die Kraft der Maya, die das Universum projiziert.
Vikshipta: abgelenkt; verstreut; nicht gesammelt.
Vilakshana: Anders als; lässt keine genaue Definition zu.
Vilu: Stark, stur.
Vimarsha: Unzufriedenheit, Unmut, Ungeduld.
Vinasa: Zerstörung.
Vinasi: vergänglich.
Vinaya: Demut oder Anstand; Manieren; Erziehung; geistige Kultur.
Viniyoga: Anwendung.
Viparita: Im Gegensatz dazu, umgekehrt, invertiert, unwahr, pervers.
Viparitabhavana: falsche Vorstellung, wie z. B. den Körper als das absolute Selbst zu interpretieren; pervertiertes Verstehen oder Vorstellung.
Viparitata: Gegenteil.
Viparyaya: falsches Wissen; falsche Wahrnehmung; Ablenkung des Geistes.

Viparyasa: Sich etwas vorstellen, was unwirklich oder falsch ist; ein Fehler, der durch Unwissenheit unterstützt wird.

Viparyaya: Fehler, Missverständnis; Gegenteil.

Viraha: brennende Qualen durch die Trennung vom Herrn.

Viraja: Frei von Rajas oder der Leidenschaft; ein Fluss, der überquert werden muss, um die Welt von Brahma zu erreichen und den nur angesehene und heilige Männer ohne Leidenschaft und Begierde überqueren können.

Virakti: siehe Vairagya.

Virasa: ohne Essenz.

Virat: Makrokosmos; die physische Welt, die man sieht.

Viratpurusha: Die Gottheit, die über das Universum herrscht; der kosmische oder universelle Aspekt der Gottheit.

Virodha: ein (logischer) Widerspruch oder Inkonsistenz.

Virya: zukunftsträchtige Energie; Stärke; Kraft.

Visada: Depression, Verzagtheit.

Visadrisaparinama: Eine Veränderung, die sich vom Original unterscheidet, wie z. B. Milch und Topfen.

Visah: die Menschen.

Visarjana: Das Aufgeben; aufhören; das letzte Element in Upasana, wo der Anbeter zu seinem Gott in einem Bildnis betet, um in seine ursprüngliche Heimat zurückzukehren.

Visesha: Spezial; ausgeprägte Qualifikation.

Viseshaguna: besondere Qualität.

Viseshajnana: Spezialkenntnisse; Detailkenntnisse.

Viseshana: Attribut; Eigenschaft; ein unveränderliches und unterscheidendes Attribut; Spezifikation.

Viseshavastha: differenzierter Zustand.

Viseshavijnana: Spezielles Wissen; Wissen über das absolute Selbst.

Vishada: Traurigkeit; Niedergeschlagenheit.

Vishaya: Objekt der Wahrnehmung oder des Genusses; Objekt der Sinneswahrnehmung.

Vishayabhoga: sinnlicher Genuss.

Vishayachaitanya: Bewusstsein als Objekte; Bewusstsein erscheint in der Form des äußeren Objekts; oder Objekt-Bewusstsein.

Vishayakara: von der Form der wahrgenommenen Objekte; der Zustand des Geistes [Denkens] in der Wahrnehmung.

Vishayasakti: Anhaftung oder Bindung an sinnliche Objekte.

Vishayasamsara: objektive oder sinnliche Welt.

Vishayavritti: Gedanken an sinnliche Objekte.

Vishayavrittipravaha: der kontinuierliche Gedankenstrom an sinnliche Objekte.

Vishnumaya: Illusion, die vom höchsten Herrn ausgeübt wird, sodass das Unwirkliche real erscheint; die illusorische Form der Gottheit Vishnu, die gewöhnlich als weibliche Gottheit symbolisiert wird.

Vishnuvrata: Zeremonie zur Verehrung der Gottheit Vishnu.

Visishta: komplex; qualifiziert.

Visishtadvaitavada: Die Doktrin oder Lehre des konditionierten Nicht-Dualismus; eine Schule des Vedanta, die behauptet, dass Brahman tatsächlich viele wird.

Vismriti: Gedächtnisverlust, Vergesslichkeit.

Vistara: Erweiterung.

Visuddhachakra: eines der Zentren des yogischen Systems im Bereich des Rachens.

Visva: Kosmos; ein Name des Jivas im Wachzustand.

Visvarupa: kosmische Form; vielförmig.

Visvasa: Glaube.

Visvataijasaprajna: der Jiva im Wach-, Traum- bzw. Tiefschlafzustand.

Visvedeva: Eine Klasse von göttlichen Wesen, die als Medium in Beerdigungszeremonien zwischen dem Gewährer und dem Gewährenden der Opfer wirken.

Vitanda: ein leichtfertiges oder trügerisches Argument bzw. Kommentar.

Vitaraga: Jemand, der das Verlangen aufgegeben hat.

Vitarka: Diskussion; Gegenargument.

Vivarana: wörtlich Erklärung oder Interpretation; einer der beiden Schulen der Advaita Philosophie.

Vivarta: illusorische Erscheinung; eine scheinbare oder illusorische Form; Unwirklichkeit durch avidya.

Vivartavada [Mayavada]: Phänomenalismus. Die Theorie, dass die Welt nur eine scheinbare Projektion von Isvara (d. h. eine Illusion) ist.

Vivartopadana: Eine materielle Ursache, die nicht die geringste wesentliche Veränderung in der Erschaffung der Wirkung erfährt, sondern eine untrennbare phänomenale Wirkung aufweist. Ein Stück Seil wird mit einer Schlange verwechselt. Dies ist ein Beispiel für Vivartopadana. Eine fiktive materielle Ursache ist Vivartopadana.

Viveka: Unterscheidung; die Funktion des Buddhi; Unterscheidung zwischen dem Realen und dem Unwirklichen, zwischen dem Selbst und dem Nicht-Selbst, zwischen dem Permanenten und dem Vergänglichen.

Vivekachudamani: Ein Werk, das Adi Shankara zugeschrieben wird.

Viveki: ein Mensch der Unterscheidung.

Vividisha-sannyasa: Verzicht mit der Absicht, Brahman zu erkennen.

Vrata: Ein Beschluss, ein bestimmtes Gelübde unter strengen Regeln mit Bezug auf Essen, Schlafen, Baden und dergleichen zu erfüllen.

Vratya: gehorsam, treu.

Vrikodara: (Einer mit dem Bauch eines Wolfes) ein Name von Bhima aufgrund seines enormen Appetits.

Vrishadhvaja: Gottheit Siva, dessen Banner der Stier ist.

Vritti: Gedankenwelle; mentale Veränderung; eine Idee; ein Gedanke; Aktivität des Geistes.

Vrittijnana: weltliche Wissenschaft; Erfahrung der Welt.

Vrittilaya: Auflösung der mentalen Veränderung.

Vrittisahita: Verbunden mit dem Gedanken.

Vrittivyapti: Der Verstand oder Intellekt nimmt die Form der wahrgenommenen Objekte an; Durchdringung der Psychose.

Vyabhicharinibhakti: schwankende Hingabe.

Vyadhi: Krankheit des Körpers.

Vyahriti: die heiligen Silben Bhuh, Bhuvah, Svah.

Vyakhyana: Erklärung und Kommentar.

Vyakta: Manifestiert; scheinbar; sichtbar; für die Sinne wahrnehmbar im Gegensatz zu Avyakta.

Vyakti: sichtbares Aussehen oder Manifestation; spezifisches Aussehen, ein Individuum.

Vyaktitva: Persönlichkeit.

Vyakti-upasana: Meditation über den offenbarten Gott.

Vyana: Eine Funktion der fünf Pranas, d. h. der Blutkreislauf; eine der fünf Lebensenergien [Pranas], die den ganzen Körper durchdringt.

Vyapaka: alles durchdringend.

Vyapakatma: All durchdringende Seele.

Vyapi: Einer, der durchdringt.

Vyapti: untrennbare Sache in einer anderen, wie z. B. kein Rauch ohne Feuer.

Vyasa: der Name eines großen Weisen, der das Brahma Sutra usw. schrieb; Rishi Krishnadvaipayana.

Vyashti: individuell; der Mikrokosmos im Gegensatz zur Gesamtheit, samashti.

Vjatireka: getrennt; Negation.

Vyavahara: Weltliche Aktivität; relative Aktivität im Gegensatz zum Absoluten; die relative, praktische oder phänomenale Welt der Erscheinungen; die empirische Welt; im Gegensatz zu Paramarthika [höchste Realität] und Pratibhasika [illusorisch].

Vyavaharapeksha: Blick auf die Welt der Erscheinungen.

Vyavaharika: praktisch; phänomenal; empirisch; relativ.

Vyavaharikasatta: empirische Realität.

Vyavasaya: Entschlossenheit, Beschluss, Vorsatz.
Vyavasayatmika: jemand mit Entschlossenheit.
Vyoma: Himmel, Atmosphäre, Himmelsraum, Luftraum; Luft; Raum; Äther.
Vyuha: Der Name von drei Formen, in denen Bhagavan Narayana erscheint; die Form, in der Gott sich als Erschaffung, Erhaltung und Zerstörung des Universums offenbart.

Y

Yadava: Gehört zum Stamm der Yadu. Ein Name von Krishna.
Yajamana: der Darsteller eines Opfers; der Meister eines Opfers.
Yajna: ein Opfer; Anbetung, Hingabe.
Yajnopavita: Heiliger Faden, der von einem zweimal Geborenen getragen wird.
Yajus: die Mantren des Yajur-Veda.
Yaksha: Ein Wesen, das von Kubera, dem Gott des Reichtums, kontrolliert wird.
Yama: der Gott des Todes und Spender der Gerechtigkeit; oder auch die Zeit.
Yasas: Ruhm.
Yatamana: Einer, der versucht, den Geist [Denken] davon abzuhalten, in sinnliche Welten zu laufen; ein Zustand von Vairagya.
Yathartha: echt.
Yatharthasvarupa: wesentliche Natur.
Yati: ein Asket; Sannyasi oder ein Mönch.
Yatra: Pilgerfahrt.
Yatrayatra: wo auch immer.

Yava: Gerste, wird normalerweise für Opfergaben bei allen Riten verwendet.
Yoga: Verbinden oder anfügen. Vereinigung; abstrakte Meditation oder Vereinigung mit dem höchsten Selbst [Atman]; Vereinigung mit der Wahrheit [Brahman]; jeder Pfad, der eine solche Vereinigung ermöglicht; unerschütterlicher Geisteszustand unter allen Bedingungen. Yoga besteht hauptsächlich aus vier Kategorien: Karma, Bhakti, Raja und Jnana Yoga.
Yogabhrashta: Jemand, der aus dem hohen Yoga Zustand gefallen ist.
Yogabhyasa: Yoga Praxis.
Yogadanda: ein Holzstab von c.a. zwei Fuß Länge und mit einer U-Form am Ende zur Regulierung der Atmung.
Yogadarsana: Yoga-Philosophie; Yoga Ansicht auf die Wirklichkeit.
Yogadrishti: Yoga-Vision.
Yogamaya: Die Macht der göttlichen Illusion.
Yogamudra: Symbol des Yoga. Das Wort Mudra bedeutet Symbol. Diese Übung weckt die im Menschen schlummernden mentalen Kräfte.
Yoganidra: ein Zustand der Halbkontemplation und des Halbschlafs; leichter yogischer Schlaf; Zustand zwischen Schlaf und Wachsein.
Yogarudha: Einer, der im Yoga verankert ist.
Yogavasistha: ein monumentales Werk über Vedanta.
Yogayukta: Einer, der im Yoga verankert oder durch Yoga verbunden ist.
Yogesvara: Herr des Yoga; ein Name von Krishna.
Yogi: Einer, der Yoga praktiziert; jemand, der ernsthaft nach der Vereinigung mit Gott strebt.
Yogigamya: nur durch einen Yogi erreichbar.
Yogyata: Tauglichkeit.

Yojana: ein Maß für die Entfernung. Entspricht acht oder zehn Meilen.

Yoni: Quelle; Gebärmutter.

Yudhishthira: der älteste Sohn von König Pandu.

Yuga: Siehe Kalpa. Eines der vier Zeitalter im Kreislauf der Schöpfung. Es gibt vier Yugas (Krita, Treta, Dvapara und Kali). Alle vier zusammen werden als Chaturyuga bezeichnet, deren Dauer zwölftausend göttliche Jahre beträgt, wobei ein göttliches Jahr dreihundertundsechzig Menschenjahren entspricht. Krita ist viermal so lang wie das Kali-Zeitalter, Treta dreimal so lang und Dvapara zweimal so lang.

Yukta: Vereinigt, verbunden; konzentriert; ein Mensch, der die Vereinigung mit dem Selbst [Atman] erreicht hat und von aller Anhaftung an weltliche Dinge und Ziele befreit ist.

Yukti: Geschicklichkeit; Argumentation, Schlussfolgerung; Meditation über das höchste Wesen; die Einheit von Atman und Brahman.

Yuta: vereint, kombiniert, verbunden.

Kategorien [Auswahl]

Adhyasa [Überlagerung]

1. Arthadhyasa: das Objekt des illusorischen Wissens z. B. die Erscheinung einer Schlange als Seil.

2. Jnanadhyasa: das Wissen in der Illusion, daher das Wissen über die Schlange als Seil.

Ajnana [Unwissenheit]

1. Samasti Ajnana: Universelle Unwissenheit; sie kann mit einem Ozean verglichen werden. Führt zur Erscheinung von Isvara, Hiranyagarbha und Virat.
2. Vyasti Ajnana: Individuelle Unwissenheit mit Bezug auf den Körper [Individuum]; sie kann mit einer Welle des Ozeans verglichen werden. Führt zur Erscheinung von Prajna bzw. Prajña [kausaler Zustand, Tiefschlaf], Taijasa [Traumzustand], Visva [Wachzustand].

Anadi [ohne Anfang]

1. Isvara: universelle Selbst.
2. Jiva: individuelle Selbst.
3. Suddha chetana: pures Bewusstsein.
4. Avidya: Unwissenheit.
5. Chetana avidya sambandha: Beziehung zwischen purem Bewusstsein und Unwissenheit.
6. Bheda: Unterschied zwischen purem Bewusstsein und Unwissenheit.

Ananda [Freude, Glück]

1. Brahmananda: absolute Freude bzw. Glückseligkeit im Zustand des Samadhi oder Tiefschlafs.
2. Visayananda: Durch Sinnesobjekte oder Erfahrungen im Wach und Traumzustand, wenn die absolute

Glückseligkeit für einen kurzen Moment reflektiert wird.

3. Vasanananda: nach dem Erwachen aus dem Tiefschlaf oder Gelassenheit.

Antahkarana [das innere Organ]

1. Manas: Denken.
2. Buddhi: Intellekt oder Vernunft. Die Fähigkeit zur Unterscheidung.
3. Chitta: Erinnerungen.
4. Ahamkara: das Ego oder der Ego-Gedanke.

Bheda [Differenz]

1. Differenz zwischen Jiva und Isvara.
2. Differenz zwischen Jiva und Jiva.
3. Differenz zwischen Jiva und Jada [Materie].
4. Differenz zwischen Isvara und Jada [Materie].
5. Differenz zwischen Jada und Jada [Materie].

Bhrama [Unklarheit, Illusion]

1. Bheda Bhrama [Illusion der Differenz].
2. Kartr Bhrama [Illusion eines Handelnden].
3. Sanga Bhrama [Illusion einer Beziehung].
4. Vikara Bhrama [Illusion einer Veränderung].
5. Satyatva Bhrama [Illusion der Realität der Welt].

Beispiele um die Unklarheit oder Illusion zu entfernen:

1. Original – Reflexion.
2. Rot – Kristall.
3. Gefäß – Raum.

4. Seil – Schlange.
5. Gold – Ornamente.

Chetana [Bewusstsein]

1. Isvara Chetana – Bewusstsein bedingt durch Maya.
2. Jiva Chetana – Bewusstsein bedingt durch Avidya.
3. Suddha Chetana – Bewusstsein ohne Bedingungen.
4. Pramata Chetana – Bewusstsein bedingt durch das innere Organ.
5. Pramana Chetana – Bewusstsein bedingt durch den Gedanken, der durch die Sinnesorgane den Ort der Sinnesobjekte erreicht und verändert.
6. Prameya Chetana – Bewusstsein bedingt durch Objekte z.b. Topform.
7. Prama Chetana – Bewusstsein bedingt durch die Gedankenveränderung z. B. der Gedanke Topform.

Einschränkungen [Parichheda]

1. Durch den Raum (Desa) z. B. der physische Körper ist durch den Raum begrenzt.
2. Durch die Zeit (Kala) z. B. der physische Körper ist durch die Zeit begrenzt.
3. Durch Objekte (Vastu).

Faktoren der Anhaftung [Pasa]

1. Daya (Mitleid)
2. Sanka (Zweifel)
3. Bhaya (Angst)
4. Lajja (Schande)
5. Ninda (Kritik)
6. Kula (Abstammung oder Familie)

7. Sila (Tugenden)
8. Dhana (Reichtum)

Gunas [Qualitäten der Natur oder Prakriti/Maya]

1. Sattva: Klarheit, Gelassenheit, Ruhe, Güte, Selbstlosigkeit.
2. Rajas: Aktivität, Leidenschaft, Unruhe.
3. Tamas: Trägheit, Schlaf, Faulheit, Stolz.

Isvara Bhaga [die Herrlichkeit von Isvara]

1. Samagra aisvarya (komplette Oberherrschaft)
2. Samagra Dharma (totale Gerechtigkeit)
3. Samagra yasa [totaler Ruhm]
4. Samagra sri (vollständiger Wohlstand)
5. Samagra jnana (vollständiges Wissen)
6. Samagra vairagya (totale Objektivität)

Karma [Handlung]

1. Sanchita: Akkumulierte Ergebnisse der Handlungen aus unzähligen vergangenen Geburten.
2. Prarabdha: das Ergebnis der aktuellen Geburt.
3. Agami: Handlungen in der aktuellen Geburt, deren Ergebnisse noch warten.

Karma Phala [Früchte der Handlungen]

1. Frucht der Brahman Erkenntnis.
2. Verlassen der Seele nach dem Tod.
3. Der Pfad der Götter [nördlicher Pfad] und der Pfad der Vorfahren [südlicher Pfad].
4. Natur der Erkenntnis.

Körper mit Bezug auf den Mikrokosmos

1. Sthula Sharira [phsyischer Körper]
2. Sukshma oder Linga- Sharira [subtiler oder feinstofflicher Körper]
3. Karana-Sharira [kausaler Körper]

Körper mit Bezug auf den Makrokosmos

1. Virat [physisches Universum] – Totalität aller physischen Körper und Objekte.
2. Hiranyagarbha [subtiles Universum] – Totalität aller subtilen Körper, aller Gedanken.
3. Isvara [kausaler Zustand des Universums] – Totalität aller kausalen Körper.

Koshas [Hüllen]

1. Annamaya [Hülle der Nahrung]
2. Pranamaya [Hülle der Prana, Lebensenergie]
3. Manomaya [Hülle des Geistes, Denken]
4. Vijnanamaya [Hülle des Intellekts bzw. der Vernunft]
5. Anandamaya [Hülle der Glückseligkeit]

Lakshanas [Definition eines Objekts]

1. Vyavartaka Lakshana. Indem man sie von anderen unterscheidet.
2. Svarupa Lakshana: Die Eigenschaften, die zur essenziellen Natur gehören.
3. Tatastha Lakshana: die auf scheinbare Eigenschaften zeigen.

Beispiel: Ein Schauspieler (Svarupa Lakshana) spielt eine Rolle (Tatastha Lakshana).

Mala [Unreinheiten des Geistes]

1. Raga [Anhaftung]
2. Dvesha [Ablehnung]
3. Kama [Lust]
4. Krodha [Wut]
5. Lobha [Begehren]
6. Moha [Verwirrung, Verblendung]
7. Mada [Stolz]
8. Matsarya [Eifersucht]
9. Irshya [Intoleranz]
10. Asuya [Neid]
11. Dambha [Heuchelei]
12. Darpa [Arroganz]
13. Ahamkara [Egoismus]

Maya [die inhärente Kraft oder Macht von Brahman]

Eigenschaften der Maya:
1. Die inhärente Kraft oder Macht von Brahman.
2. Sie ist ohne Anfang.
3. Sie ist weder real noch unwirklich noch beides.
4. Sie ist eine Erscheinung. Sie ist eine phänomenale und relative Realität.
5. Ihre Natur ist die Überlagerung und Projektion.
6. Sie lässt sich durch richtiges Wissen [Erkenntnis] entfernen.

Kräfte der Maya:
1. Avarana Sakti: Die Kraft der Verschleierung oder Verblendung, durch die das Selbst (Atman) verschleiert wird. Sie verschleiert die wahre Natur des Jiva und ist die Ursache für Samsara.

2. Vikshepa Sakti: Die Macht der Projektion, durch die der Weltprozess (Universum) projiziert wird. Sie ist für die Schöpfung verantwortlich beginnend mit dem Raum [akasa].

Synonyme für Maya:
1. Avidya
2. Mula Avidya
3. Tula Avidya
4. Adi Sakti
5. Adi Maya
6. Mula Prakriti
7. Prakriti
8. Para Sakti
9. Sakti
10. Yoni
11. Avyakta
12. Avyakrta
13. Aja
14. Ajnana
15. Tamas
16. Tuccha
17. Anirvacaniya
18. Aksara

Mukti [Befreiung oder Selbsterkenntnis]

1. Jivan Mukti: Befreiung bzw. Erkenntnis während des Lebens bis zum Verlassen des physischen Körpers.

2. Videha Mukti: endgültige Befreiung nach dem Verlassen des Körpers.
3. Krama Mukti: schrittweise Befreiung.

Natur eines Objekts

1. Nama (Name)
2. Rupa (Form)
3. Asti (Existenz) – Sat
4. Bhati (Wissen) – Chit
5. Priya (Glückseligkeit) – Ananda

Pralaya [Auflösung]

1. Nitya pralaya: Das, was jeden Moment zerstört wird z. B. die Flamme einer Lampe oder der tiefe Schlaf.
2. Naimittika pralaya: die Auflösung am Ende eines Tages von Brahma [Schöpferaspekt].
3. Dina pralaya: Die Zerstörung von vierzehn Manvantaras, die den Tag von Brahma (Schöpferaspekt) bilden.
4. Maha pralaya: die Auflösung von Brahma (Schöpferaspekt) zusammen mit dem Raum und allen anderen Elementen am Ende der Lebenszeit von Brahma (100 Jahre).
5. Atyantika pralaya: die Negierung der ganzen Welt und ihrer Ursache durch einen Jnani.

Pramanas [Mittel zum Erwerb von Wissen]

1. Pratyaksha: direkte Wahrnehmung.
2. Anumana: Schlussfolgerung.
3. Upamana: Vergleich.
4. Sabda: Aussage.

Pranas [Lebensenergien]

Die 5 Hauptpranas sind:

1. Prana: bewegt sich nach unten, regelt Einatmung, Schluckvorgang.
2. Udana: kontrolliert Sprache, Energie, Willen, Leistung, Verlassen des physischen Körpers im Traum und nach dem physischen Tod.
3. Samana: regelt das Verdauungssystem.
4. Vyana: wirkt durch den ganzen Körper, regelt den Kreislauf, Bewegung der Gelenke etc.
5. Apana: regelt alle nach unten gerichteten Ausscheidungen.

Sadhana Chatushtaya [die Qualitäten eines Vedanta Schülers]

1. Viveka: die Fähigkeit, zwischen dem Unvergänglichen und dem Vergänglichen zu unterscheiden.
2. Vairagya: Verzicht auf die Freude an den Früchten der eigenen Handlungen.

Sechs Qualitäten:
- Shama: Kontrolle des Denkens
- Dama: Kontrolle der Sinnesorgane
- Uparama: Fähigkeit, seine Aufgaben zu erfüllen
- Titiksha: Ausdauer
- Sraddha: Glaube an die Worte eines Lehrers [Gurus] und den Schriften.
- Samadhanam: Die Fähigkeit, sich auf etwas zu konzentrieren.

3. Mumukshutvam: der Wunsch nach Befreiung [Selbsterkenntnis].

Samadhi [Zustand des Überbewusstseins]

1. Savikalpa Samadhi: Dualität ist noch vorhanden. Trennung vom Wissenden, Objekt des Wissens und wissen.
2. Nirvikalpa Samadhi: jenseits der Trennung und Dualität.

Schöpfungkategorien:

1. Isvara Srishti: Isvara [Saguna Brahman] erschafft das Universum, alle Wesen und Objekte aus der Summe aller Handlungen [Karmas], daher die Schöpfung Gottes.
2. Jiva Srishti: Der Jiva fügt seine eigene Interpretation und Anhaftung hinzu. Sie ist die Ursache für Samsara und die Bindung an die Welt. Ego-Gedanke bzw. Egoismus, Wut, Anhaftung usw. sind alles Jiva Srishtis. Ishvara Srishti verursacht keine Bindungen.

Beispiel:

Eine Frau kann eine Tochter, Schwester, Ehefrau und Mutter für eine andere Person sein. Isvara hat den Menschen, in diesem Beispiel den weiblichen Körper erschaffen.
Der Jiva fügt aus Unwissenheit [Avidya oder Ajnana] die Attribute Tochter, Schwester, Frau, etc. hinzu und bindet sich daran.

Theorien der Schöpfung:

1. Arambha Vada: die Doktrin, dass die Welt (daher das Universum) das Ergebnis der atomaren Verbindungen ist.

2. Parinama Vada: die Doktrin der Transformation (der Schule des qualifizierten Nicht-Dualismus von Sri Ramanuja), die besagt, dass Gott tatsächlich einen Teil seines Wesens in das Universum verwandelt.

3. Vivarta oder Maya Vada: die Doktrin, dass die Welt nur eine scheinbare Projektion von Isvara (daher eine Illusion) ist. Durch Unwissenheit wird ein Seil als Schlange interpretiert. Ohne Seil gibt es keine Schlange. Durch Wissen erkennt man das Seil und die Schlange verschwindet.

4. Ajata Vada: die Doktrin der Nicht-Schöpfung. Nichts wurde geboren bzw. erschaffen. Nicht-Existenz der Maya, kein Samsara, keine Jivas, keine Bindung und keine Befreiung. Es gibt nur Brahman.

Trinität von OM

1. A – U – M
2. Brahma – Vishnu – Siva
3. Vergangenheit – Gegenwart – Zukunft
4. Prakriti [Maya] – Jivatma – Paramatma
5. Visva – Taijasa – Prajna
6. Virat – Hiranyagarbha – Isvara
7. Sattva – Rajas – Tamas
8. Geburt – Leben – Tod
9. Schöpfung – Erhaltung – Zerstörung
10. Jagrat – Svapna – Sushupti
11. Manifestiert – nicht manifestiert – Prozess der Manifestation.
12. Im Schlafzustand – in keinem Schlafzustand – Negierung beider Zustände

Upasana [Meditation]

1. Saguna Upasana: Meditation über Isvara, Hiranyagarbha und andere Manifestationen des Absoluten.
2. Nirguna Upasana: Meditation über Brahman ohne Eigenschaften.

Upaya [Mittel zur Befreiung]

1. Dharma [Riten]
2. Jnana [Wissen]
3. Bhakti [Hingabe]
4. Prapatti [direkter Weg zur Befreiung]
5. Acharya [Hingabe an den Lehrer]

Vasanas [mentale Eindrücke oder Tendenzen]

1. Deha vasana: Anhaftung an den Körper.
2. Loka vasana: Wünsche z. B. Name und Ruhm etc.
3. Sastra Vasana: der Wunsch, mehr und mehr Schriften zu lernen.

Vikara [Veränderungen]

1. Geburt
2. Die Existenz einer früheren, nicht-existierenden Sache.
3. Wachstum
4. Veränderung
5. Verfall
6. Tod

Zustände

1. **Wachzustand [Jagrat]**
   Jagrat-Jagrat: Erkenntnis des Selbst während des Wachzustands.
   Jagrat-Svapna: Gedanken an die Vergangenheit oder Zukunft während des Wachzustands.
   Jagrat-Sushupti: Dummheit [Unwissenheit] während des Wachzustands.
2. **Traumzustand [Svapna]**
   Svapna-Jagrata: Wahrnehmung realer Objekte während des Traumzustands.
   Svapna-Svapna: Wahrnehmung illusorischer Objekte während des Traumzustands.
   Svapna-Sushupti: Vergesslichkeit des Traums.
3. **Tiefschlafzustand [Sushupti]**
   Sushupti-Jagrata: Tiefschlaf assoziiert mit sattvische Vrittis.
   Sushupti-Svapna: Tiefschlaf assoziiert mit rajastische Vrittis.
   Sushupti-Sushupti: Tiefschlaf assoziiert mit Tamas.
4. **Samadhi**
5. **Zustand der Ohnmacht, Koma**
   Der Zustand der Ohnmacht ist halb im Tiefschlaf und halb im Tod [siehe Brahma Sutra 3.2.10]

Kategorien [aus der Bhagavad Gita]

Eigenschaften eines Gläubigen [Kapitel 12, 13- 19]

1. Abwesenheit von Hass gegenüber allen Wesen.
2. Freundlichkeit

3. Mitgefühl
4. Frei von Anhaftung.
5. Frei von Egoismus.
6. Gelassenheit im Vergnügen und im Schmerz.
7. Nachsicht [Vergebung].
8. Zufriedenheit: Mit dem was man hat.
9. Selbstbeherrschung
10. Fester Überzeugung.
11. Dessen Denken und Verstand auf Mich gerichtet sind.
12. Der, von dem die Welt nicht betroffen ist.
13. Der, nicht von der Welt betroffen ist.
14. Frei von Freude, Wut, Neid oder Angst.
15. Frei von Wünsche.
16. Reinheit: Sauberkeit.
17. Pünktlich: achtsam.
18. Gelassenheit
19. Ungetrübt: Wünsche aus der Vergangenheit und keine Erwartungen in die Zukunft.
20. Allen Unternehmungen und Absichten entsagt [der Früchte der Unternehmungen].
21. Wer sich weder freut im Sinne der Euphorie.
22. Noch hasst: Abneigungen.
23. Noch trauert: Angst vor der Zukunft.
24. Noch begehrt: Verlangen.
25. Verzicht auf Gut und Böse: Das Leben akzeptieren, so wie es ist.
26. Gleichheit gegenüber Freunden und Feinden.
27. Gleichheit in Ehre und Schande: Bezug auf intellektuelle Unterschiede.
28. Gleichheit in Kälte und Hitze [Lust und Schmerz]: Bezug auf die körperlichen Unterschiede.
29. Nicht-Anhaftung
30. Wer bei Lob und Tadel unverändert bleibt.

31. Wer still ist: Nicht nur still, sondern still zu den Situationen der Welt.
32. Zufriedenheit mit allem: Dankbarkeit für das was man hat.
33. Ohne Heim: Bedeutet nicht, obdachlos zu sein, sondern in Bezug auf Leidenschaften.
34. Beständig: beständiger Verstand.
35. Hingabe an Gott.

Eigenschaften eines Jnani [Kapitel 13, 8 - 12]

1. Demut
2. Bescheidenheit
3. Gewaltlosigkeit
4. Vergebung
5. Aufrichtigkeit
6. Dienst für den Lehrer
7. Reinheit
8. Beständigkeit
9. Selbstbeherrschung
10. Gleichgültigkeit gegenüber der Sinnesobjekte.
11. Abwesenheit von Egoismus.
12. Wahrnehmung des Leidens in Geburt, Tod und Alter, in Krankheit und Schmerz
13. Nicht-Anhaftung
14. Nichtidentifikation des Selbst mit Sohn, Frau, Heim und dergleichen.
15. Ständige Gelassenheit bei Erhalt des Wünschenswerten und des unerwünschten.
16. Unerschütterliche Hingabe an den Atman.
17. Verweilen an einsame Orte.
18. Abneigung gegenüber der Gesellschaft der Menschen.
19. Beständigkeit in der spirituellen Erkenntnis [Wissen].

20. Erkenntnis über das Ende des wahren Wissens.

Eigenschaften einer spirituellen Person [Kapitel 16, 1 - 3]

1. Furchtlosigkeit
2. Reinheit des Herzens.
3. Standhaftigkeit im Yoga und Wissen.
4. Almosen geben.
5. Selbstbeherrschung
6. Opfergaben [Yajna]
7. Studium der Schriften.
8. Askese
9. Aufrichtigkeit
10. Gewaltlosigkeit
11. Ehrlichkeit
12. Abwesenheit von Wut.
13. Entsagung
14. Gelassenheit
15. Abwesenheit von Betrug.
16. Mitgefühl gegenüber Lebewesen.
17. Abwesenheit von Habgier.
18. Freundlichkeit
19. Bescheidenheit
20. Abwesenheit von Wankelmut.
21. Stärke
22. Vergebung
23. Seelische Kraft
24. Reinheit
25. Abwesenheit von Hass.
26. Abwesenheit von mehr Stolz.

Eigenschaften einer materialistischen Person [Kapitel 16, 4]

1. Heuchelei
2. Überheblichkeit
3. Eingebildetheit
4. Zorn
5. Unhöflichkeit
6. Unwissenheit

Kategorien des Glaubens [Kapitel 17, 4]

1. Sattvischer Glauben: Menschen verehren die Devas [suchen den Frieden].
2. Rajastischer Glauben: Menschen verehren die Yakshas und die Rakshasas [suchen das Vergnügen].
3. Tamastischer Glauben: Menschen verehren Gespenster [preta] und die Scharen der Naturgeister [sind unwissend].

Kategorien der Nahrung [Kapitel 17, 8 - 10]

1. Sattvische Nahrung: Nahrung die das Leben, die Vitalität, die Kraft, die Gesundheit, die Freude und die Heiterkeit erhöht, die schmackhaft und wohlriechend, kräftig und angenehm ist.
2. Rajastische Nahrung: Nahrung, die bitter, sauer, salzig, übermäßig heiß, scharf, trocken und gebraten ist.
3. Tamastische Nahrung: Nahrung, die abgestanden, geschmacklos, verdorben, schlecht, und unrein ist.

Kategorien der Yajnas [Kapitel 17, 11 - 13]

1. Sattvische Yajnas: Das Opfer, das Menschen durchführen, ohne dafür eine Belohnung [Frucht] zu erwarten, so wie es in den Schriften vorgeschrieben ist, in der festen Überzeugung, dass es getan werden muss.
2. Rajastische Yajnas: Ein Opfer im Hinblick auf Belohnung oder um zu prahlen.
3. Tamastische Yajnas: Ein Opfer, das nicht den Anordnungen der Schriften entspricht, wo keine Speisen verteilt werden, und das nicht von Mantren, Gaben und Glaube begleitet wird.

Kategorien der Askese [Kapitel 17, 14 - 19]

1. Sattvische Askese: Verehrung der Götter [höhere Ziele], der Zweimal geborenen, der Lehrer und Weisen – Reinheit, Aufrichtigkeit, Enthaltsamkeit und Gewaltlosigkeit. Eine Rede, die keine Aufregung hervorruft, die wahr, angenehm und nutzbringend ist so wie die regelmäßige Rezitation der Veden. Gelassenheit des Verstands, Gutherzigkeit, Stille [Kontrolle der Gedanken]. Selbstbeherrschung, reines Gemüt [Herz], die von beständigen Menschen mit größtem Glauben und ohne Erwartung einer Belohnung praktiziert wird.
2. Rajastische Askese: Mit dem Ziel, Ansehen, Ruhm und Ehre zu erlangen und die mit Heuchelei praktiziert wird.
3. Tamastische Askese: die aus einer törichten Absicht, selbstquälerisch, oder mit dem Ziel einen anderen zu ruinieren, praktiziert wird.

Kategorien der Geschenke oder Gaben [Kapitel 17, 20 - 22]

1. Sattvische Geschenke: Ein Geschenk, das einem Menschen gegeben wird, der nichts als Ausgleich dafür tun muss, im Bewusstsein, dass es Pflicht [Aufgabe] ist, und einem würdigen Menschen [soll ihm helfen] am richtigen Ort, zur richtigen Zeit gegeben wird.

2. Rajastische Geschenke: Ein Geschenk, das im Hinblick darauf gemacht wird, etwas dafür zu erhalten, oder mit Erwartung für eine Belohnung, oder widerwillig.

3. Tamastische Geschenke: Ein Geschenk, das an einem falschen Ort und zur falschen Zeit unwürdigen [nicht hilfreich] Personen gegeben wird, respektlos und beleidigend.

Kategorien des Verzichts [Kapitel 18, 7 - 9]

1. Sattvischer Verzicht: Jede Pflicht die einzig und allein nur deshalb ausgeführt wird, weil sie getan werden muss. Anhaftung und der Wunsch nach Lohn werden aufgegeben.

2. Rajastischer Verzicht: Wer auf Handlungen aus Furcht vor körperlichen Schwierigkeiten verzichtet oder weil sie schmerzhaft sind.

3. Tamastischer Verzicht: der Verzicht auf verpflichtende Handlungen [nitya karma].

Ursachen einer Handlung [Kapitel 18, 13 - 14]

1. Der Körper

2. Der Handelnde [Ego]
3. Die verschiedenen Sinne
4. Die verschiedenen Funktionen der Pranas [Lebensenergien]
5. Die herrschende Gottheit [Jivatman]

Kategorien des Wissens [Kapitel 18, 20 - 22]

1. Sattvisches Wissen: Wissen, durch das ein Mensch die eine unzerstörbare Wirklichkeit [Brahman] in allen Wesen erkennt.
2. Rajastisches Wissen: Das Wissen, das durch Differenzierung in allen Geschöpfen verschiedene Wesen unterschiedlicher Art erkennt.
3. Tamastisches Wissen: Das, was sich an einem einzigen Effekt klammert, als wäre es alles [Atman auf den Jiva beschränkt], ohne Begründung, ohne Fundament und trivial.

Kategorien von Handlungen [Kapitel 18, 23 - 25]

1. Sattvische Handlungen: Eine Handlung, die verpflichtend ist, frei von Anhaftungen und ohne Zuneigung oder Abneigung und keine Frucht [Lohn] begehrt.
2. Rajastische Handlungen: Eine Handlung, die durch eine Sehnsucht nach Erfüllung von Wünschen oder nach Gewinn ausgeführt wird, durch Egoismus und viel Mühe.
3. Tamastische Handlungen: Eine Handlung, die aus Täuschung unternommen wird, ohne auf die Folgen, auf Verlust, Schaden [Verletzung] und eigenen menschlichen Fähigkeiten Rücksicht zu nehmen.

Kategorien eines Handelnden [Kapitel 18, 26 - 28]

1. Sattvische Handelnde: Ein Mensch, der frei von Anhaftungen und ohne Ich-Gedanken [Ego] handelt, der über Beständigkeit und Kraft verfügt und nicht von Erfolg und Misserfolg beeinflusst wird.
2. Rajastische Handelnde: leidenschaftlich, gierig, grausam, unrein, der Freude und Trauer unterworfen.
3. Tamastische Handelnde: unsicher, vulgär [böse Gedanken und Worte], arrogant, trügerisch, bösartig, faul, mutlos und zaudernd.

Kategorien des Intellekts [Kapitel 18, 30 - 32]

1. Sattvischer Intellekt: Der Intellekt [Buddhi], der den Pfad des Handelns und auch die Entsagung kennt, der weiß, was zu tun und zu unterlassen ist, und der sowohl [die Ursache der] Furcht als auch Furchtlosigkeit, [die Ursache der] Bindung wie auch Befreiung kennt.
2. Rajastischer Intellekt: Wodurch irrtümlich Dharma [das Richtige] für Adharma [das Unrichtige] gehalten wird und wodurch verwechselt wird, was zu tun und was zu unterlassen ist.
3. Tamastischer Intellekt: Was in Dunkelheit [Unwissenheit] gehüllt, Adharma als Dharma sieht und alles verdreht.

Kategorien der Beständigkeit [Kapitel 18, 33 - 35]

1. Sattvische Beständigkeit: Die unerschütterliche Beständigkeit, durch welche, mittels Yoga, die Funktionen von Manas [Denken bzw. Intellekt] Prana

[Lebenskraft, mentale Ebene] und Indriyas [Sinnesorgane, physische Ebene] gezähmt worden sind.

2. Rajastische Beständigkeit: das jedoch was den Menschen aufgrund von Anhaftung und Wunsch nach Belohnung an Dharma [der Pflicht], Vergnügen und dem Erwerb von Reichtum festhalten lässt.

3. Tamastische Beständigkeit: Womit ein törichter Mensch den Schlaf, die Furcht, die Verzweiflung, den Kummer und die Lust nicht aufgibt.

Kategorien des Glücks bzw. Freude [Kapitel 18, 37 - 39]

1. Sattvisches Glück: Das was am Anfang wie Gift daher unangenehm, und am Ende wie Nektar ist.

2. Rajastisches Glück: Das Glück, das aus dem Kontakt der Sinnesorgane mit den [Sinnes] Objekten entsteht, dass zuerst wie Nektar und am Ende wie Gift daher unangenehm ist.

3. Tamastisches Glück: Das Glück, das sowohl zu Beginn als auch in der Folge das Selbst täuscht, das aus dem Schlaf, der Trägheit und Unachtsamkeit stammt.

Anhang

Illustration: Wasser als Ozean und Welle

Wasser: Eigenschaftsloses pures Bewusstsein, die absolute Realität, die Essenz von allem was ist.
Synonyme: Brahman bzw. Nirguna Brahman, Om, Atman, das höchste Selbst, die absolute Wahrheit.

Ozean: reines Bewusstsein + universelle Unwissenheit [Maya], die relative empirische Realität.
Synonyme: Saguna Brahman daher Brahman mit Eigenschaften, Isvara, „Gott" in den Religionen, das Schöpfungsprinzip, das phänomenale Universum, die Totalität aller „scheinbaren" individuellen Seelen [Jivas].
Welle: reines Bewusstsein + individuelle Unwissenheit [Avidya], der Jiva.
Synonyme: individuelle Seele, das Ego oder der Ego-Gedanke, ein scheinbares Individuum.

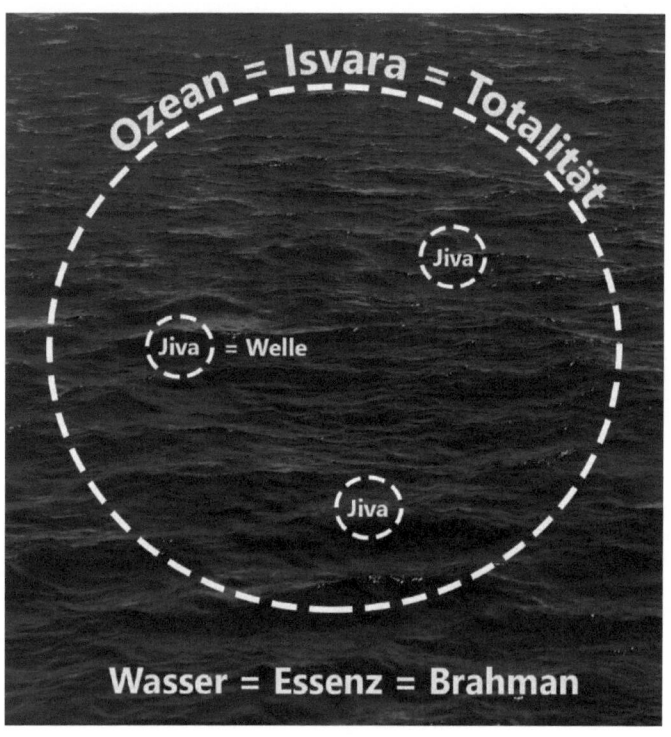

Abb 1. Wasser als Ozean und Welle

Drei Ebenen der Realität

Absolute Realität [Paramartika satyam]:
Brahman [Nirguna Brahman] daher nicht konditioniertes,
reines Bewusstsein ist die absolute Realität, eins ohne ein
Zweites. „Am Anfang war wahrlich nur Atman [Nirguna
Brahman], eins und ohne ein Zweites. Es gab nichts anderes,
das manifestiert war." (Aitareya Upanishade 1.1.1)

Relative empirische Realität [Vyavaharika satyam]:
Brahman durch Maya [universelle Unwissenheit] = Saguna
Brahman, Isvara oder Gott, Schöpfer etc.

Relative subjektive Realität [Pratibhasika satyam]:
Brahman durch Avidya [individuelle Unwissenheit] = Jiva oder
die individuelle Seele.

Brahman als Makrokosmos

BRAHMAN
Turiya oder absolute Realität [Bewusstsein]

↓

Maya [Samasti Ajnana oder universelle Unwissenheit]

Totalität aller kausalen Körper	**ISVARA** [Saguna Brahman, Avyakta, Antaryamin, Jagatkarana] - Allmacht, allwissend, der innere Lenker -
Totalität aller subtilen Körper	↓ **Hiranyagarbha** [Sutratman, Prana, Prajapati, Brahma]
Totalität aller physischen Körper	↓ **Virat** [physisches Universum, empirische Realität, Jivas]

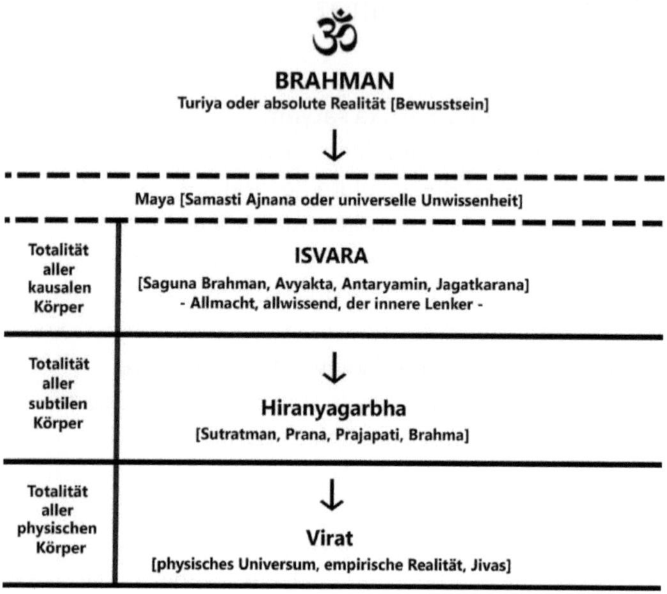

Abb. 2 Brahman als Makrokosmos

Brahman als Mikrokosmos

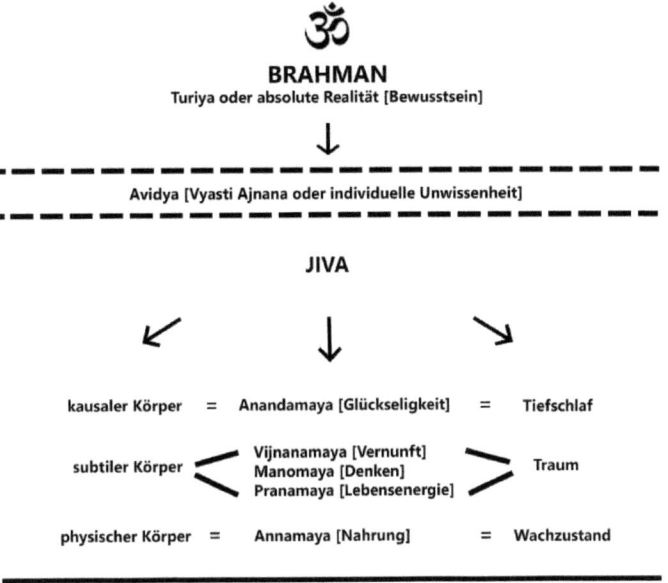

Abb 3. Brahman als Mikrokosmos

Übersicht Jnana-Indriyas – Karma-Indriyas

Sinnesorgan	Gottheit	Sinnesobjekt
Sinnesorgane - Jnana-Indriyas		
Hören	Dik	Klang
Tastsinn	Vayu	Objekt der Berührung
Sehen	Surya	Form
Geschmackssinn	Varuna	Geschmack
Geruchssinn	Ashwini Kumaras	Geruch
Organe der Handlung - Karma-Indriyas		
Sprechen	Agni	Sprache
Hände	Indra	Erfassen
Füße	Vamana	Bewegung
Fortpflanzungsorgane	Prajapati	Genuss
Ausscheidungsorgane	Yama	Ausscheidung
Inneres Organ - Antahkarana		
Denken	Candra	Entschluss
Intellekt	Brahma	Überzeugung
Erinnerung	Vasudeva	Erinnerungsvermögen
Ego	Rudra	Ego-Identität

Absolutes Bewusstsein [Brahman] als die Essenz der Wahrnehmung

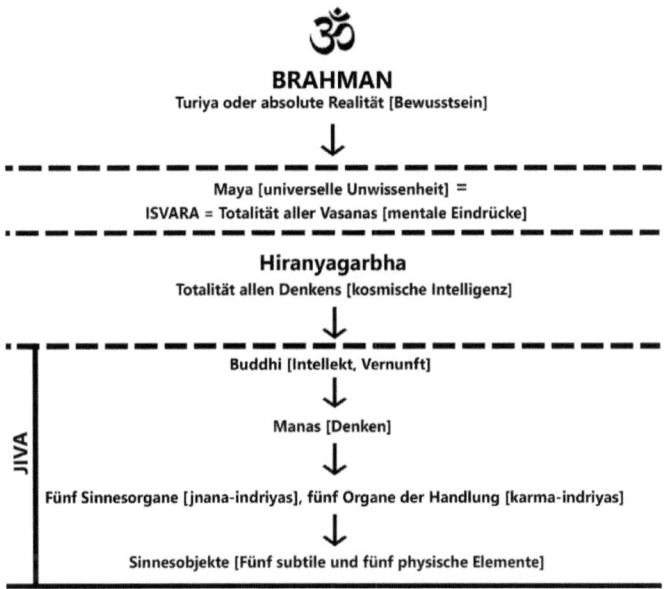

Abb 4. Essenz der Wahrnehmung

Unsere Wahrnehmung – Advaita Vedanta Lehre

Unsere Wahrnehmung	Advaita Vedanta Lehre
Gefühl, ein Individuum zu sein	Keine Individuen
Brahman handelt durch „mich"	Nur Brahman existiert
Gefühl eines „Handelnden"	Nichts wird getan, alles geschieht
Zeit, Ursache/Wirkung	Maya
Sinn der Schöpfung	Ausdruck der Summe aller Vasanas [Maya]
Evolution	Absolut, alles ist wie es ist
Bewegung	Absolute Stille
Trennung zwischen Gott [Isvara] und Seele [Jiva]	Nur Brahman existiert
Scheinbare Realität	Absolute Realität

Symbolik [Auswahl]

Symbol	Bedeutung
Asvattha	kosmische Manifestation
Baum	Universum, Baum des Lebens
Berg	verkörpertes Bewusstsein auf dem Weg zur Befreiung
Bindu	das Unendliche im kleinsten d.h. im Individuum
Blumen	mentale Aktivität
Bogen	Die Anstrengung, um ein Ziel zu erreichen
Brennen	mentale Reinigung
Buch	Wissen
Diebe	Hindernisse oder Blockaden
Diskus	Geist bzw. Verstand
Dreieck	höhere oder niedere Ebenen
Dämmerung	Erwartung
Elefant	Stärke, Weisheit
Ente	Seele oder inneres Wesen
Fisch	Formen der mentalen Aktivität
Fledermäuse	Kräfte der Dunkelheit bzw. Unwissenheit
Fluss	Bewegungen im Bewusstsein
Flöte	spiritueller Ruf
Frosch	bescheidener Nutzen
Früchte	Ergebnisse
Gold	Erkenntnis, wahres Wissen
Hamsa	Bewusstsein
Hanuman	völlige Hingabe

Himmel	Höhere Bewusstseinszustände. Der Himmel als Raum symbolisiert die Unendlichkeit.
Hirsch	Fortschritt auf dem spirituellen Pfad
Hund	Hingabe, Gehorsamkeit und Treue
Kran	Botschafter des Glücks
Kreuz	Transzendenz, Universalität und Individuum
Krone	Erfüllung
Kuh	Licht oder Bewusstsein
Lotus	Wahrheit, Bewusstsein, Befreiung
Löwe	körperliche Stärke, Macht
Mond	Intellekt, Reflexion der Wahrheit
Mutter	die Natur
Nacht	Unwissenheit
Ozean	Bewusstsein
Pfau	Sieg
Pfeil	Zielstrebigkeit
Pferd	Kraft oder Lebenskraft, mentale Stärke oder Askese
Rad	Bewegung, Handlung
Regen	Gnade oder Bewusstsein
Regenbogen	Frieden, Befreiung
Rot	physische Welt
Schlange	Energie, bösartige Macht
Schneckenhorn	spiritueller Ruf oder Sieg
Schwan	individuelle Seele
Schwert	Wissen
Skorpion	gefährliche Energien
Sohn	Tochter oder Sohn daher Kinder
Sonne	Wahrheit, Licht der Wahrheit
Sterne	Schöpfung oder Formation
Stier	Stärke und Macht

Straße	spiritueller Fortschritt
Tabak	Unwissenheit
Taube	Frieden
Tiere	Prana, mentale Eigenschaften
Tiger	Stärke
Vina [	Harmonie
Vogel	die individuelle Seele. Natur der Seele
Wasser	Bewusstseinszustand
Wildschwein	rajastische Stärke
Wolken	Unwissenheit, Verschleierung
Ziege	Lust
Zug oder Schiff	spiritueller Fortschritt

Bibliographie

Bhuvaneshwari, Shaji: A Treatise on Advaita Vedanta: English Translation of Vicaracandrodaya of Pandit Pitambar. D.K. Print World (2013)

Harshananda, Swami: Dictionary of Advaita Vedanta. Ramakrishna Vedanta Math (2000)

Iyengar, T.R.R: Dictionary of Hindu Gods and Goddesses. D.K. Print World Ltd (2003)

Jyotirmayananda, Swami: Vedanta in Brief. Yoga Research Foundation (2013)

Krishnan, O. N.: In Search of Reality: A Layman's Journey Through Indian Philosophy. Motilal Banarsidass (2004)

Mahadevan, T.M.P.: The Philosophy of Advaita. Bharatiya Kala Prakashan (2011)

Nikhilananda, Swami: The Upanishads, Volume 1. Ramakrishna Vivekananda Center (1986)

Nikhilananda, Swami: The Upanishads, Volume 2. Ramakrishna Vivekananda Center (1990)
Nikhilananda, Swami: The Upanishads, Volume 3. Ramakrishna Vivekananda Center (1990)
Nikhilananda, Swami: The Upanishads, Volume 4. Ramakrishna Vivekananda Center (1994)
Pandit, M. P.: Dictionary of Sri Aurobindo's Yoga. Lotus Press. Us Edition (2011)
Parthasarathy, Swami: The Complete Works of Swami Parthasarathy. Vedanta Life Institute (2012)
Prasad, Narayana Muni Swami: Three Acharyas and Narayana Guru. D.K. Printworld; 1st Edition (2011)
Sivananda, Swami: Vedanta (Jnana Yoga) - Life and Works of Swami Sivananda Vol. 6. Divine Life Society 3rd Edition (2015)
Sivananda, Swami: Yoga Vedanta Dictionary. Divine Life Society (2012)
Waite, Dennis: Back to the Truth: 5000 Years of Advaita. John Hunt Publishing (2010)
Wood, Ernest: Vedanta Dictionary. English Philosophical Library (1964)

Über den Autor

Geboren am 19. Februar 1982, Wien.
Seit meiner Jugend, Interesse an den östlichen Weisheitslehren und Weltreligionen, der Kosmologie und Philosophie.
Ausbildung und Tätigkeit als Softwareentwickler sowie ein dreijähriges Studium der Vedanta Philosophie unter Swami Parthasarathy.

Kontakt: contact@satyam.at

OM TAT SAT